웰컴 투 종이 작업실 Welcome to the Paper Workroom
: 사각사각 종이를 만지는 시간

초판 1쇄 인쇄 * 2023년 10월 12일
초판 1쇄 발행 * 2023년 10월 25일

지은이 * 박종이(박혜윤)
펴낸이 * 이준경 **편집장** * 이찬희
책임 편집 * 김아영 **편집** * 김경은
책임 디자인 * 이 윤 **디자인** * 정미정
마케팅 * 손동운 **펴낸곳** * 지콜론북

출판등록 * 2011년 1월 6일 제406-2011-000003호
주소 * 경기도 파주시 문발로 242 3층
전화 * 031-955-4955
팩스 * 031-955-4959
홈페이지 * www.gcolon.co.kr
트위터 * @g_colon
페이스북 * /gcolonbook
인스타그램 * @g_colonbook

ISBN * 979-11-91059-49-6 (13630)
값 * 28,000원

이 책은 저작권법에 의해 보호를 받는 저작물이므로 무단 전재와 복제를 금합니다.
또한 이미지의 저작권은 작가에게 있음을 알려드립니다.
The copyright for every artwork contained in this publication belongs to artist. All rights reserved.
잘못된 책은 구입한 곳에서 교환해 드립니다.

지콜론북은 예술과 문화, 일상의 소통을 꿈꾸는 ㈜영진미디어의 출판 브랜드입니다.

Welcome to the Paper Workroom

웰컴 투 종이 작업실

지콜론북

일러두기

✳   전개도는 지콜론북 홈페이지 www.gcolon.co.kr과 www.yjbooks.com에서 별도로
    다운받을 수 있습니다.
✳   『Welcome to 종이 작업실』에 있는 모든 전개도의 저작권은 작가에게 있으며 상업적인
    사용은 금지합니다.

Prologue

종이를 만지는 동안, 사각사각 소리만 남기를   08

About

Welcome to Paper Art   12

Chapter 1

따뜻한 나의 작업실   30

Room #1 풍경   32

Room #2 모빌   36

Room #3 화병   40

Room #4 몬스테라   44

Chapter 2

종이 작업실 텃밭   48

Farm #1 토마토   50

Farm #2 레몬   54

Farm #3 버섯   58

Farm #4 가지   62

Farm #5 로즈메리   66

Farm #6 서양배   70

Chapter 3

종이 작업실 뒤뜰   74

    Flower #1   금매화   76

    Flower #2   데이지   80

    Flower #3   꽃마리   84

    Flower #4   동백   86

    Flower #5   호접란   90

    Flower #6   양귀비   94

    Flower #7   장미   98

    Flower #8   클레마티스   102

    Flower #9   네리네   106

    Flower #10   아네모네   110

Chapter 4

종이 작업실에서 매일을 특별하게   114

    Happiness #1   꽃팔찌   116

    Happiness #2   화관   118

    Happiness #3   브로치   120

    Happiness #4   케이크 토퍼   124

    Happiness #5   크리스마스 리스   126

Chapter 5

전개도   130

Prologue

종이를 만지는 동안,
사각사각 소리만 남기를

어렸을 적 종이접기를 해본 적이 있나요? 친구와 종이비행기를 접어 날린 적은요? 저도 어릴 적부터 종이와 함께 자랐어요. 누군가의 행복을 위해 종이학을 접고, 예쁜 종이로 선물을 포장했어요. 예쁜 색종이를 보면 괜히 모아보기도 하고, 달력이나 전단지로 딱지를 접어 아빠와 대결하기도 했어요. 이렇게 종이가 우리에게 친숙한 재료이기에 '페이퍼 아트'라는 단어가 생소하면서도 보는 순간 마음 깊이 친숙하게 다가오는 게 아닐까 싶어요.

제가 대학교 졸업할 때 즈음 페이퍼 아트를 해야겠다고 결심했어요. 이미 해외에는 많은 작품이 있지만 국내에서는 생소한 분야였어요. 평면인 종이가 입체가 되고, 공간이 되면서 새로운 세계가 펼쳐지는 세상이 너무 신비롭고 동화같이 느껴졌어요. 이렇게 아름답고 신비한 세상은 누구나 좋아하겠다는 확신이 들었어요. 2년간 독학하고 하나씩 만들어 나가면서 작품들을 SNS에 업로드했더니 기업에서 연락이 왔어요. 그렇게 다양한 브랜드와 협업하고 2022년엔 첫 번째 개인전까지 열었습니다. 늘 꿈꾸던 일이 현실로 이뤄졌어요. 정말 동화 같은 일이죠.

종이가 나지막이 속삭이는 사각사각 소리, 바라만 봐도 기분 좋은 꽉 찬 색감, 그리고 종이가 풍기는 따뜻한 촉감은 시간이 지날수록 페이퍼 아트의 매력에 빠지게 만들었고 종이는 제 삶이 되었어요. 종이를 만지며 작업하다 보면 그 공간에 오롯이 나 혼자 있다는 생각이 들어요. 차분하고 고요해지는 공기, 마음이 어지럽고 온 세상이 시끄럽다가도 종이를 만지고 있으면 모든 것들이 천천히 흘러가죠. 그 시간과 공기가 주는 따뜻하고 고요해지는 에너지를 많은 사람과 나누고 싶었어요.

이 책에 나와 있는 작품들을 만들기 위해서는 오랜 시간이 필요해요. 하나의 작품을 완성하는 데에 20~30분, 며칠 혹은 몇 달이 걸릴 수도 있어요. 모든 것이 빠르게 흘러가는 세상에서 페이퍼 아트가 느리고 지루하다고 느낄 수 있어요. 칼질 한 번, 풀칠 한 번에 정말 오랜 공을 들이게 돼요. 하지만 그게 우리의 원래 속도일 수도, 혹은 꼭 필요한 속도일 수도 있다고 생각해요. 하루에 모든 걸 완성하겠다는 마음보다는 종이를 자르고 만지는 동안 천천히 흘러가는 그 시간을 즐겼으면 해요. 힘들면 쉬었다 가도 좋아요.

책을 보는 순서는 목차 순서에 따라 읽지 않아도 좋아요. 아니, 순서대로 읽지 마세요. 책을 처음부터 끝까지 다 읽고 완성해야 한다는 숙제보단 나이가 들어도 평생 즐길 수 있는 취미의 첫 시작이 되었으면 좋겠어요. 매일 꾸준히 해야 하는 일보다는 기분에 따라 혹은 날씨에 따라 음악이나 영화를 고르듯, 그날 본인의 기호에 따라 만들고 싶은 걸 즐기길 바라요. 페이퍼 아트는 이름 그대로 기술이 아닌 예술이니까요.

이 책은 상상 속 저의 작업실인 '종이 작업실'로 여러분을 초대하여 함께 페이퍼 아트를 즐기게 됩니다. 종이 작업실 앞 텃밭에 제철을 맞은 열매를 보며 흘러가는 계절을 느끼고, 사계를 담은 소품을 만들기도 하고, 작업실 뒤뜰에 핀 꽃들에 영감을 받아 하나뿐인 작품을 만들어봐요, 우리. 작업실에 놀러 온 친구들을 위해 정성 가득 담긴 선물을 만들어보고 엽서를 만들어 손 편지를 쓰는 건 어떨까요. 그리고 제가 1년 중 제 생일보다 더 좋아하는 12월 25일, 크리스마스에는 근사한 파티도 열 거예요. 상상만 해도 벌써 미소가 지어지지 않나요? 저도 함께 만들어갈 박종이 작업실이 기대되네요. 천천히 나만의 속도에 맞춰 즐기는 페이퍼 아트를 여러분도 만나보세요.

'종이 작업실'에 놀러 왔을 땐 언제나 어디서나 여러분의 삶이 고요한 행복으로 가득하기를 바랄게요.

✷ 박종이 ✷

About

Welcome to Paper Art

페이퍼 아트Paper Art 는 종이를 재료로 하는 예술 분야예요. 종이를 자르고 붙여 입체로 만들기도 하고, 종이를 단순한 형태로 오려 일러스트레이션과 같은 작업을 하기도 합니다. 페이퍼 아트의 종류는 다양해요. 우리가 흔히 아는 종이접기Origami, 페이퍼 플라워Paper Flower, 페이퍼 레이어드 Paper Layered, 페이퍼 스컬쳐Paper Sculpture, 페이퍼 컷팅Paper Cutting 등 종이를 주재료로 하는 영역 전부를 페이퍼 아트 혹은 페이퍼 크래프트Paper Craft라고 칭합니다.

페이퍼 아트의 영역은 점점 넓어지고 있어요. 개인 작품뿐만 아니라 광고, 공간 인테리어, 교육, 세트 디자인, 영상 등 다양한 분야와 접목하고 있습니다. 늘 새로움을 추구하는 기업들과도 협업 작업이 활발해지고 있는 예술 분야입니다.

TOOLS

페이퍼 아트의 기본 도구들은 집 근처 문구점에서 쉽게 구할 수 있는 재료들이에요. 이미 집에 있는 도구로도 가능해요. 필요한 재료들은 가까운 곳에서 구할 수도 있고, 모든 재료는 인터넷으로 구매가 가능합니다.

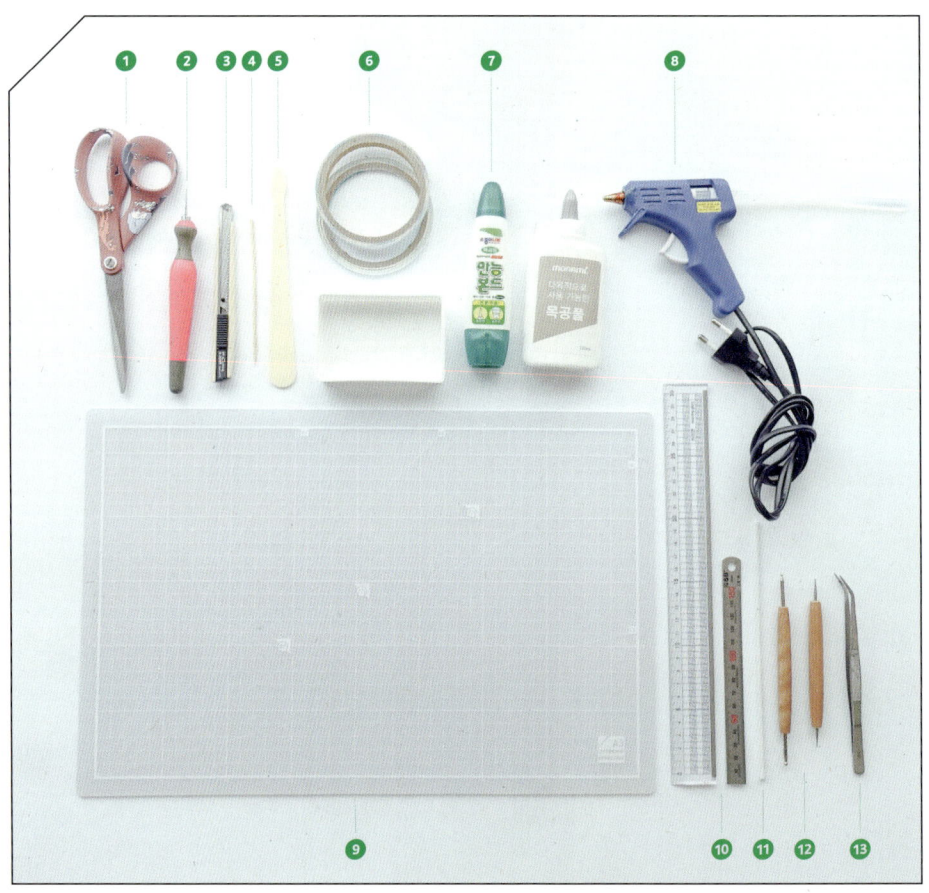

커팅 도구

❶ 가위: 페이퍼 아트의 가장 기본적인 컷팅 도구예요. 칼질이 익숙하지 않다면 가위와 먼저 친해지길 추천해요. 칼보다 위험하지 않으면서 깔끔하게 종이를 자를 수 있는 도구예요.

❷ 곡선칼: '아트 나이프 Art knife'라고도 하며 커터칼보다 칼심이 두꺼워서 안정적으로 곡선을 자를 수 있어요. 곡선칼은 칼날의 모양과 종류, 크기, 길이가 아주 다양해서 자신의 손에 맞는 것을 찾는 게 중요해요. 손잡이 부분이 일자로 되어 있는 것보다 오목한 모양을 추천해요.

❸ 커터칼: 커터칼은 손잡이 부분이 너무 두꺼운 것보다 손에 적당히 감기는 두께를 고르세요. 곡선보다 직선을 자르거나 접는 선을 칼등으로 그어줄 때 아주 유용해요.

접착 도구

❹ 나무 스틱 이쑤시개, 꼬치: 목공풀을 소량으로 바를 때 사용해요.

❺ 스페츌러: 나무 스틱보다 넓은 면적에 목공풀을 바를 때 사용해요.

❻ 양면테이프: 입문자도 누구나 쉽게 사용할 수 있는 재료예요. 양면테이프는 오랜 시간 지나면 삭아서 접착력이 없어지기 때문에 임시 고정용이거나 다른 접착제와 적절하게 섞어 사용하는 것을 추천해요.

- ❼ 목공풀: 페이퍼 아트를 할 때 가장 많이 사용하는 재료예요. 얇게 바를 수 있고, 풀이 마르는 데에 시간이 걸려 위치를 조금씩 조정하면서 접착할 수 있어요. 목공풀은 마르면 광이 생기는데요. 깔끔하게 바르지 않을 경우 의도하지 않은 광이 생길 수 있어요. 무게감 있는 종이를 붙일 때는 시간이 오래 걸려요.
- ❽ 글루건: 무게감이 느껴지는 종이를 깔끔하고 빠르게 접착할 수 있어요. 마르는 데 시간이 적게 걸린다는 장점이 있지만, 목공풀보다 섬세하게 양을 조절하기 어렵고, 너무 얇은 종이를 접착할 땐 적절하지 않아요.

기타 도구

- ❾ 커팅 매트: 칼로 커팅할 때 책상을 보호하는 역할을 해요. 크기는 다양하며 입문자에게는 A3, 전문가는 A2나 A1 사이즈를 추천합니다.
- ❿ 자: 페이퍼 아트의 필수 도구예요. 자는 재단할 때 쓰는 플라스틱으로 된 방안자 눈금자와 커팅할 때 쓰는 철자 쇠자가 있어요. 철자는 무게감이 있어 종이를 고정해 주어 더 안전하게 종이를 커팅할 수 있어요. 15cm, 30cm, 60cm 길이를 다양하게 구비해 두면 작업에 맞게 사용할 수 있어요.
- ⓫ 롤링막대: 꽃잎을 둥글게 말아 곡선을 표현할 때 주로 사용해요.
- ⓬ 도트봉: 꽃잎의 가장자리를 둥글려 주름과 곡선을 자연스럽게 표현할 수 있어요. 끝이 작은 도트봉은 접는 선을 표현할 때 유용해요.
- ⓭ 핀셋: 끝이 길고 굽어 있는 핀셋을 사용해요. 작고 얇은 종이를 쉽게 집을 수 있고, 종이를 말아감을 때 긴 핀셋이 유용해요.

PAPER

페이퍼 아트에서 종이를 선택하는 건 전개도를 만드는 것만큼 정말 중요한 작업이에요. 사람도 각자 외모에서 풍기는 느낌이 다르듯 종이도 각자 갖는 특유의 느낌이 있어요. 고상함, 발랄함, 새침함, 차가움, 우울함, 차분함 등 종이의 색상은 물론 종이의 평량과 질감에 따라 작품의 분위기가 달라질 수 있어요. 제가 페이퍼 아트에 가장 많이 사용하는 종이를 알려 드릴게요.

평량
(평량=가로, 세로가 1×1m 기준인 종이의 무게)

평량은 종이의 무게를 뜻해요. 종이의 강도, 불투명도, 두께 등에 영향을 주는 요소로 무게 단위는 $g/㎡$로 나타내요. 이때 평량이 높을수록 종이의 두께가 두껍다고 혼돈할 수 있어요. 종이를 구성할 땐 종이가 압축된 밀도나 수분에 따라 무게가 달라질 수 있어 꼭 평량이 높다고 두께가 두꺼운 건 아니에요. 하지만 보통의 경우 평량으로 종이의 두께를 짐작할 수 있어요.

종이 고르기

종이 종류에 따라 다양한 색상과 평량이 있습니다. 종이 하나에 4~5가지의 평량이 있을 수 있고, 1가지 평량만 가지고 있는 종이가 있어요. 그렇기 때문에 평소에 종이에 관심을 가지고 많이 알아두면 표현하고자 하는 작업에 맞는 종이를 쉽게 고를 수 있습니다.

종이를 고를 땐 먼저 원하는 색상을 찾아요. 사용하고 싶은 색상을 찾았으면 쓰임에 맞는 평량을 찾는데, 주로 120~300g/㎡의 종이를 많이 사용해요. 종이가 너무 얇으면 풀칠할 때 종이가 울거나 모양을 잡기가 어려워요. 반면 너무 두꺼운 종이를 사용하게 되면 종이를 접을 때 접는 부분이 터져서 깔끔하게 접기가 어렵고 모양을 잡을 때도 많은 시간과 힘이 들어가요. 300g/㎡ 이상의 두께가 필요할 때는 폼보드, 아크릴 같은 단단하고 두꺼운 재료에 종이를 덧붙여서 작업해요.

자주 쓰는 종이

● 키칼라: 자연에서 색을 따서 개발한 종이여서 자연스러운 색감이 매력적인 종이입니다. 보기에도 편안한 색감과 만지면 자연스러운 질감이 돋보이는 종이예요. 42가지 색상과 120g/㎡, 300g/㎡의 평량이 있습니다.

- 칼라플랜: 완전한 생분해성으로 재활용이 가능한 종이예요. 일반적인 모든 인쇄 작업에 적합하며 평량별 3~55가지의 색이 있습니다.

- 삼원칼라: 평량은 120g/㎡ 1가지만 있으며, 색상은 형광부터 원색까지 총 91가지의 색이 있어요.

- 디자인칼라: 종이의 자연스러운 질감을 살린 엠보싱이 느껴지며 고급스러운 색상이 돋보이는 종이예요. 116.3g/㎡의 평량으로 45가지 종류의 색상이 있습니다.

종이 구매

문구점에서도 종이를 구할 수 있지만, 문구점에는 많은 종류의 종이가 없어 국내에 대표적인 종이 수입사 두 곳을 소개해 드릴게요. 삼원페이퍼^{페이퍼모어}와 두성페이퍼^{인더페이퍼}예요. 두 곳이 보유한 종이가 각각 다르기 때문에 두 군데에서 원하는 종이를 찾고 있어요. 오프라인 매장도 있고 온라인으로도 주문이 가능해요. 사이트를 통해 주문하면 집에서도 편리하게 다양한 종류의 종이를 받아볼 수 있어요. 각 수입사마다 종이의 샘플북이 있어요. 샘플북을 구비해 두면 직접 가서 종이를 고르지 않아도 참고하여 온라인으로도 주문할 수 있습니다.

페이퍼모어(삼원페이퍼): www.papermore.com/02-2217-1800

인더페이퍼(두성페이퍼): www.inthepaper.co.kr/02-3144-3181

나의 도구 아끼기

얇은 종이를 다루는 작업은 그만큼 섬세함이 필요해요. 페이퍼 아트를 하면서 사람과 사물을 섬세하게 관찰하고 아끼는 마음을 갖게 되었어요. 페이퍼 아트 도구에도 그런 마음이 필요해요. 아낄수록 예뻐 보이고, 함께하는 시간이 길수록 세월의 흔적이 멋스럽게 묻어나오잖아요. 시간이 지나면서 멋스러워질 수 있다는 건 상상만으로도 미소가 지어지는 일이네요.

가위와 같이 가장 많이 사용하는 도구일수록 쓰임에 맞게 소중히 다뤄줘야 해요. 종이를 자르는 용도가 아닌 다른 용도로 쓰게 되면 가위 날이 무뎌지거나 이가 나갈 수 있어 페이퍼 아트 전용 가위를 구비해 주세요. 철사나 두꺼운 물체를 자를 땐 전용 가위나 니퍼를 사용하는 걸 추천해요. 칼은 항상 조심히 사용하고, 칼날이 무뎌지면 바로 새 걸로 갈아 끼워주세요. 저는 커팅용 칼과 테이프같이 접착력이 있는 것들을 자르는 용도의 칼, 두 가지를 사용하고 있어요. 그리고 칼에 풀이나 물감 등 이물질이 묻었다면 바로 닦아서 관리해 주세요. 칼로 연필을 깎다 종이에 바로 커팅하게 되면 종이에 흑심이 묻을 수 있으니 작은 부분도 섬세하게 신경써야 해요.

종이 작업실 활용법

전개도 사용법

기본적으로 전개도를 여러 번 재활용하기 위해 종이에 부착하는 방법을 안내하고 있습니다.

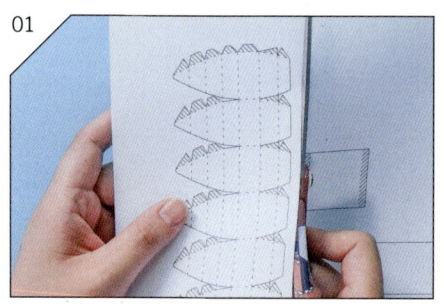

01 전개도는 여백을 잘라서 사용해야 색지를 절약할 수 있어요.

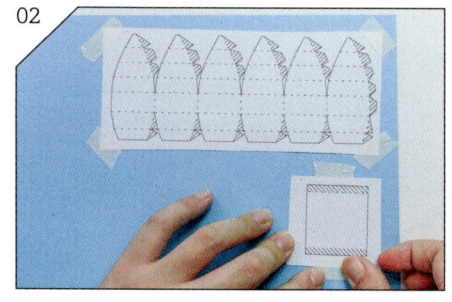

02 자른 전개도를 색지에 종이테이프나 풀을 이용하여 끝부분만 고정해 주세요.

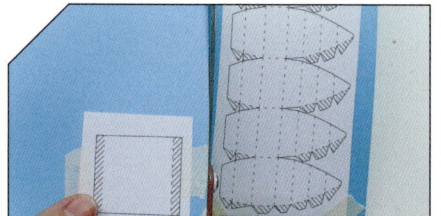

03 전개도를 붙인 색지는 사용할 만큼만 잘라주세요.

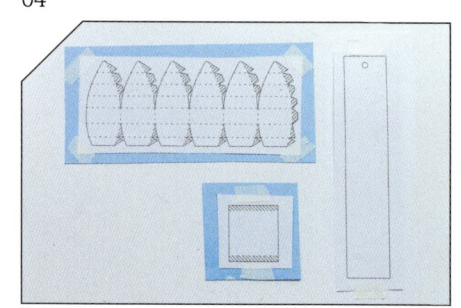

04 준비 완료.

> Tip
> 앞의 방법이 번거롭거나 한 번만 만들고 싶은 분을 위해 본문 전개도 뒷면에는 도형의 색을 인쇄하였습니다. 전개도를 바로 사용할 시 본문 중 01번의 과정을 건너뛰고 02번부터 시작하면 됩니다.

평면 만들기
(연습 전개도 p.133)

- 직선: 철자와 커터칼을 이용하여 자르는 연습을 해요. 자를 대고 자를 땐 누르는 손의 힘을 강하게 주어 종이와 자가 흔들리지 않도록 고정하고, 칼을 잡은 손은 칼이 기울어지지 않고 자와 평행이 되도록 세워서 잘라주세요. 두꺼운 종이를 자를 땐 한 번에 자르기보다 여러 번 그어서 자른다는 생각으로 잘라주세요.

- 곡선: 곡선 자르기는 곡선칼을 손에 익히는 데 좋은 연습이에요. 선을 따라 연필로 그림을 그리듯 잘라주세요. 칼의 진행 방향은 항상 몸쪽으로 오게 해주세요. 몸과 칼이 멀어지면 부상의 위험이 높아져요.

- 원형: 곡선칼이나 가위를 이용하여 자르는 연습을 해주세요. 원형은 반복적으로 연습하면 밑그림 없이 깔끔한 원형을 감각으로만 자를 수 있어요. 작은 원부터 큰 원까지 다양하게 연습해 보세요.

- 접는 선: 철자와 커터칼의 칼등을 이용하여 접는 선을 표시하는 연습을 해주세요. 이때 주의할 점은 너무 강하게 누르면 종이가 잘릴 수 있기 때문에 종이에 자

국이 날 정도의 적당한 힘을 주어 연습해야 해요. 칼등이 너무 뾰족하다면 꼬치나 도트봉같이 얇고 단단한 도구로 대체할 수 있어요.

입체 만들기

● 정육면체: 가장 기본적인 도형으로 많은 전개도에서 사용합니다. 접는 선을 표시하여 잘 접어주면 그다음부터는 순조롭게 진행할 수 있어요. 접착 도구는 양면테이프나 목공풀을 사용해 주세요.

● 직육면체: 정육면체를 변형한 전개도가 직육면체예요. 직육면체의 전개도 원리를 깨달으면 다각면체의 전개도를 만들 수 있어요. 모서리를 잘 맞춰 붙여주는 게 중요해요.

● 원기둥: 원기둥을 만들 땐 먼저 옆면을 동그랗게 말아 붙여준 후 바닥면을 붙여주세요. 원기둥의 옆면과 바닥면을 붙이는 부분은 잘게 나눠서 둥근 모양을 유지하며 붙이는 게 포인트예요. 모든 곡선을 붙일 땐 붙이는 면을 조각내어서 붙이면 곡선 표현이 가능해요.

● 구: 가장 가운데 부분을 동그랗게 말아 붙여주세요. 기준이 되는 면을 만들어 주는 거예요. 그리고 가로로 한 칸씩 붙여서 가장 뾰족한 끝부분까지 완성해 주세요. 구를 만들 때 가장 중요한 건 붙이지 않은 부분은 바깥으로 접어 손이 들어갈 수 있는 공간을 확보하면서 붙여주세요. 손이 들어가지 않는 가장 마지막 부분은 핀셋을 이용하여 붙여주세요.

♣ 육면체 만들기
(연습 전개도 p.135)

점선을 따라 칼등으로 접는 선을 그어주세요.

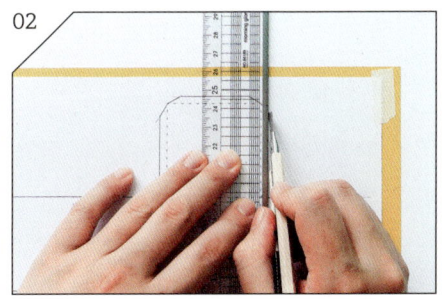

실선을 따라 칼과 자를 이용하여 잘라주세요.

접는 선을 따라 접어주세요. 정확한 육면체를 만들기 위해서는 깔끔하게 접는 게 중요해요.

풀을 붙이는 면에 적당량의 목공풀을 바르고 한 면씩 붙여주세요.

마지막 면은 풀을 붙이는 면에 모두 풀을 바른 후 한 번에 붙여 완성합니다.

❉ 원기둥 만들기
(연습 전개도 p.139)

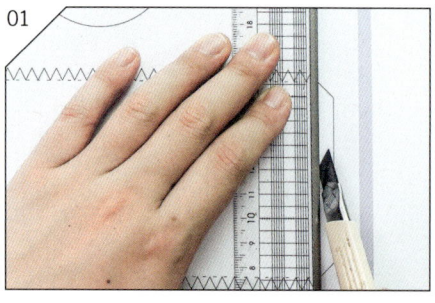

점선을 따라 칼등으로 접는 선을 그어주세요.

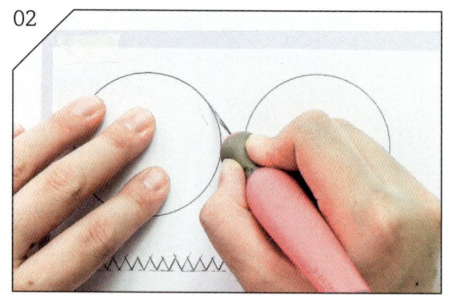

실선을 따라 곡선칼을 이용하여 잘라주세요.

롤링막대를 이용하여 옆면을 세로로 둥글게 말아주세요. 말아준 뒤 바닥면을 붙여야 수월하게 붙일 수 있어요.

기둥의 접는 선을 따라 접어주세요.

풀 붙이는 삼각면 1~2개에 풀을 바르고 한쪽 바닥면을 붙여주세요.

풀 붙이는 면에 조금씩 풀을 바르면서 기둥과 바닥면을 붙여주세요. 손이 들어가지 않으면 롤링막대나 핀셋을 이용하여 풀을 붙여주세요.

한쪽 바닥면을 기둥과 완전히 다 붙인 후, 기둥의 옆면을 목공풀로 붙여주세요.

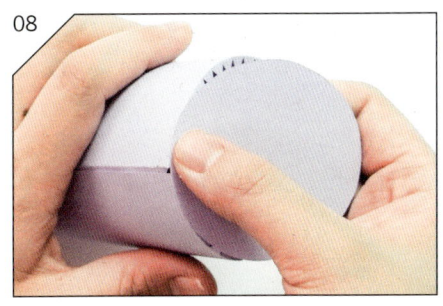

반대쪽 바닥면을 붙이기 위해 풀 붙이는 삼각면에 풀을 바르고 붙여주세요.

나머지 풀 붙이는 면에 모두 목공풀을 바른 후 한번에 바닥을 붙여주세요. 바닥면에 기둥이 딱 맞을 수 있도록 전체적으로 조정하면서 마를 때까지 적당한 힘으로 눌러 붙여 완성합니다.

✤ 구 만들기
(연습 전개도 p.141)

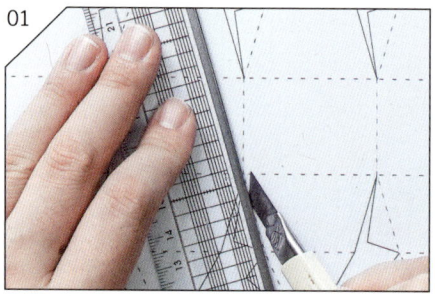

점선을 따라 칼등으로 접는 선을 그어주세요.

실선을 따라 칼과 자를 이용하여 잘라주세요.

접는 선을 따라 잘 접어주세요. 정확한 구를 만들기 위해서는 접는 게 중요해요.

전개도를 동그랗게 말아 가운데 부분을 먼저 붙여주세요. 기준이 되는 중앙을 붙인 뒤 형태를 잡으면 전체 균형이 틀어지지 않아요.

붙이지 않은 면들은 바깥으로 접어 손이 들어갈 공간을 확보하면서 붙여주세요.

풀 붙이는 면에 적당량의 목공풀을 바르고 한 칸씩 붙여주세요.

손이 들어가지 않는 부분은 한쪽 손을
밑으로 넣어 받쳐주고, 남은 손은 위를 눌러
붙여주세요.

반대쪽도 한 칸씩 붙여주세요. 공간이 더
좁아지면 핀셋을 이용해 주세요. 완성입니다.

Chapter 1

따뜻한 나의 작업실

내가 머무는 공간은 항상 나의 동선과 생활 습관에 맞게 꾸며요. 특히나 포근하고 따뜻한 느낌이 들도록 공간을 배치하고, 좋아하는 작고 큰 소품들을 둡니다. 어릴 적 엄마는 여름이 다가오면 솜이불에서 얇은 홑이불로 바꿔주셨어요. 옷걸이에 걸어 놓은 겨울옷들도 어느샌가 가벼운 여름옷들로 바뀌어져 있었어요. 계절에 따라 이불과 커튼을 바꾸시는 엄마의 모습을 닮아 저도 계절에 따라 소품들을 바꿔요.

집 안에서도 계절을 느끼며 산다는 건 내 삶을 더 풍성하고 아름답게 만드는 일이에요. 도심에 살면 더더욱 자연을 느끼기 위해서는 많은 시간이 필요한데, 일상에서 자연을 느낄 수 있다는 게 저에겐 큰 행복이에요. 매일 내가 머무는 작업실에 살랑살랑 부는 바람길을 느낄 수 있는 풍경을 다는 일, 어린 시절 살았던 울진 바다의 여름 햇살을 머금은 파란 바다를 닮은 모빌을 만드는 시간, 책상 위 몬스테라 화분에 드리우는 햇살과 그 공기. 평범한 일상에서 영화의 한 장면으로 바꿔주는 것들도 이러한 작은 기쁨에서 오는 것이 아닐까 싶어요. 특이한 것 없지만 특별한 일상을 가꿔볼까요.

Room #1

풍경

Level
★☆☆

Template
풍경 전개도 p.143

Paper
칼라플랜 New Blue 270g/m²
키칼라 Pure White 120g/m²

Material
자, 가위, 커터칼, 곡선칼, 핀셋,
목공풀, 실 50cm, 방울(지름 2cm)

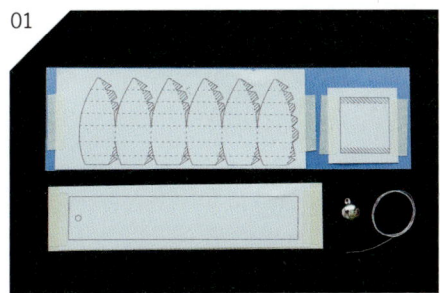

전개도를 종이에 부착하고, 재료를 준비합니다.

점선은 칼등으로 그어주고, 실선은 칼이나 가위를 이용하여 잘라주세요.

접는 선을 따라 잘 접어주세요.

윗면부터 적당량의 목공풀을 발라 겹치는 면을 하나씩 붙여주세요.

풀을 붙이며 입체적인 구의 모양을 만들어주세요.

벌어지지 않도록 이음새를 잘 붙여주세요.

풍경 안에 들어갈 심지는 접는 선을 따라 한 번 접어준 뒤, 돌돌 접어 끝부분을 풀로 붙여주세요.

흰 종이에 구멍을 내고 실을 묶어주세요.

종이에서 12cm 간격을 두고 방울을 묶어주세요.

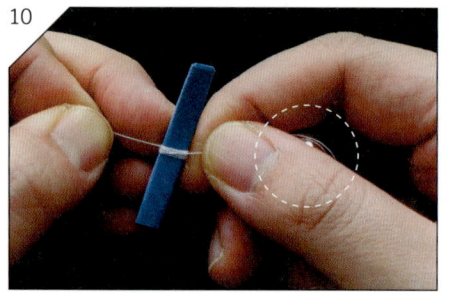

방울을 묶은 부분에서 1.5cm의 간격을 두고 실을 심지에 3~4번 감은 후 묶어주세요.

윗부분에 뚫린 구멍으로 실을 넣어 심지가 걸릴 때까지 당겨주세요.

Room #2
모빌

Level

★★★

Template

모빌 전개도 p.145

Paper

키칼라 Azure 300g/m²
키칼라 Chili Pepper 300g/m²

Material

자, 가위, 곡선칼, 목공풀, 글루건, 롱로우즈,
공예 철사(지름 1.5mm, 길이 66cm), 실

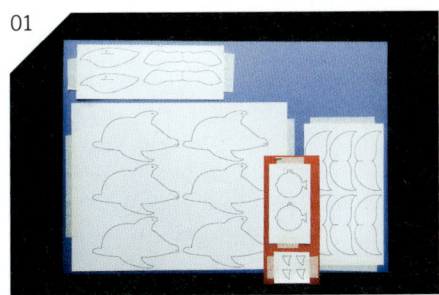

전개도를 종이에 부착하고, 재료를 준비합니다.

점선은 칼등으로 그어주고, 실선은 곡선칼을 이용하여 잘라주세요.

고래 꼬리의 갈라진 부분에 소량의 목공풀을 바르고 몸통의 갈라진 부분에 끼워주세요.

갈매기 부리를 몸통의 뾰족한 부분에 앞뒤로 붙이고, 몸통 칼집 낸 부분에 날개의 반을 넣어 접는 선을 따라 접어주세요.

공예 철사를 22cm 길이로 잘라 3개를 만듭니다. 철사 가운데 부분인 11cm 지점을 표시해 주세요.

철사 3개를 중심을 맞춰 같은 간격으로 어긋나게 놓은 뒤, 가운데에 글루건으로 붙여주세요.

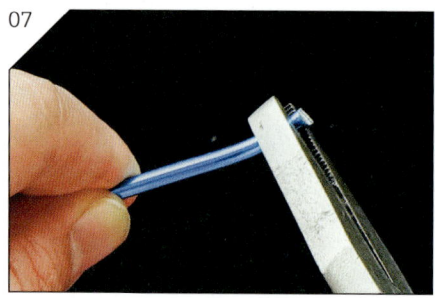

실이 떨어지지 않도록 공예 철사의 양 끝을 롱로우즈를 이용해서 위로 살짝 꺾어주세요.

실을 각 오브제에 맞게 묶어주세요.
17cm(2개: 갈매기), 25cm(2개: 복어), 28cm(6개: 돌고래)

철사의 끝부분에 돌고래와 연결된 실을 묶고, 갈매기와 복어는 철사의 중간 부분에 자유롭게 묶어주세요.

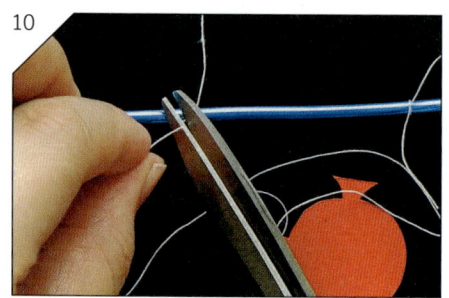

매듭을 묶고 남은 실을 잘라 정리하세요.

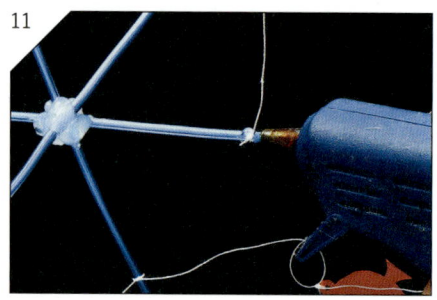

소량의 글루건으로 뼈대에 묶은 실을 고정해 주세요.

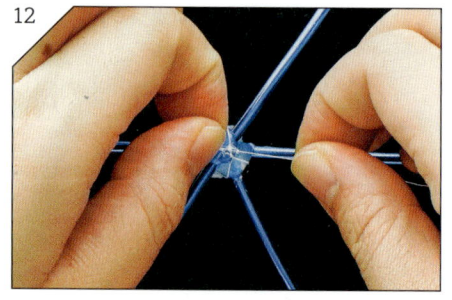

실을 50cm로 잘라 모빌 뼈대의 중앙 부분에 묶어주어 완성합니다.

Room #3

화병

Level

★☆☆

Template

화병 전개도 p.149

Paper

칼라플랜 Turquoise 350g/m²

Material

자, 커터칼, 도트봉, 목공풀

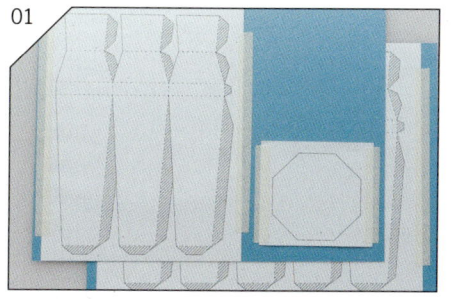

전개도를 종이에 부착하고, 재료를 준비합니다.

점선은 도트봉으로 그어주세요.

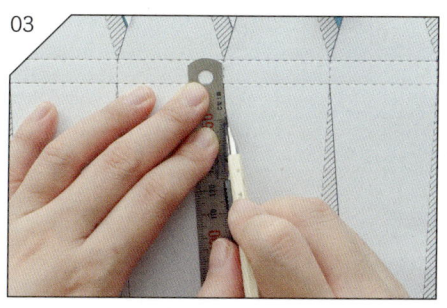

실선을 따라 칼이나 가위로 잘라주세요.

접는 선을 따라 잘 접어주세요.

화병의 옆면이 될 전개도 2개(p.149와 p.151)를 연결해 주세요. 화병 전개도 끝에 목공풀을 이용하여 붙여주세요.

목공풀을 이용하여 한 줄씩 붙여주세요.

07

화병 바닥의 풀 붙이는 면에 목공풀을 발라 바닥면을 붙여주세요.

> **Tip**
>
> 바닥면에 목공풀을 빈틈 없이 발라 한 번에 붙여주면 모양을 조정하면서 깔끔하고 딱 맞게 붙일 수 있어요. 목공풀을 듬뿍 바르면 접착력도 높이고 마르는 시간을 지연시켜 모양을 조정하며 붙일 수 있습니다.

Room #4

몬스테라

Level
★★☆

Template
몬스테라 전개도 p.153

Paper
칼라플랜 Lockwood Green 135g/m²
칼라플랜 Harvest 135g/m²

Material
자, 가위, 곡선칼, 도트봉, 롤링막대, 핀셋, 목공풀

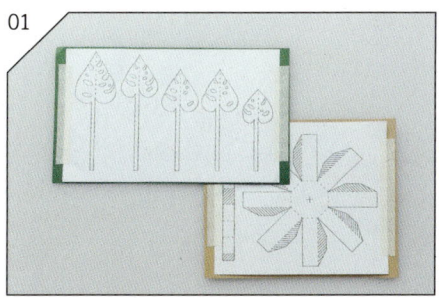

전개도를 종이에 부착하고, 재료를 준비합니다.

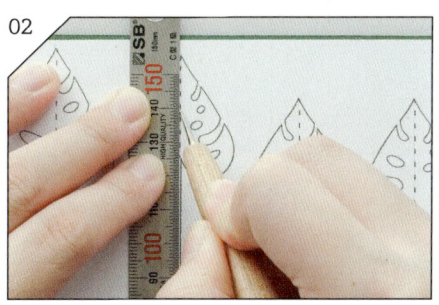

몬스테라 잎의 점선은 도트봉으로 그어주세요.

곡선칼로 실선을 따라 몬스테라 잎을 잘라주세요.

몬스테라 잎의 접는 선을 따라 접어주세요.

롤링막대를 이용하여 몬스테라 잎 가장자리를 굴려 완성도를 높여줍니다.

화분 전개도의 점선은 도트봉으로 그어주고, 실선을 따라 잘라주세요.

접는 선을 따라 잘 접어주세요.

풀 붙이는 면에 적당량의 목공풀을 발라 화분을 만들어주세요.

화분의 막힌 부분이 위로 오게 하여 띠의 양 끝과 가운데에 목공풀을 발라 화분 윗부분에 띠를 둘러주세요.

몬스테라 잎은 크기 순서대로, 가장 앞에 오는 작은 잎은 뒤집어서 겹쳐주세요.

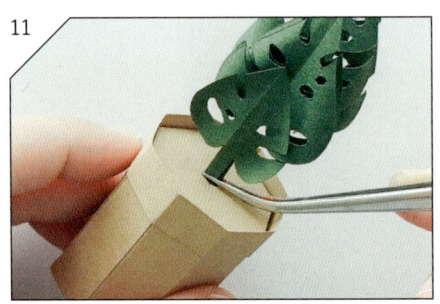

화분 가운데에 몬스테라 잎들을 꽂아주세요.

손으로 몬스테라의 줄기 부분을 사방으로 펼쳐 자연스럽게 연출해 주세요.

Chapter 2

종이 작업실 텃밭

저희 어머니는 집 앞 작은 텃밭에서 방울토마토, 가지, 상추, 고추, 딸기 같은 채소와 과일을 키웠습니다. 어린 눈엔 텃밭 가꾸는 일이 재미난 놀이처럼 느껴져서 직접 물을 주기도 하고, 잔뜩 찡그린 얼굴로 코를 막으며 비료도 주고, 무당벌레와 콩벌레를 잡아 놀기도 했어요. 땅에 뿌리를 내리고 비바람을 맞으며 꽃을 피우고, 꽃이 떨어지자 열매를 맺는 그 과정이 채소와 과일만의 일은 아니었던 것 같아요. 흙을 만지고 흙냄새를 맡으며 텃밭을 가꿨던 시간이 커가면서 제 삶에 뿌리를 내리고 비바람에도 흔들리지 않는 단단한 마음을 키워나갈 수 있는 시간과 많이 닮았어요. 지금도 베란다에 작은 텃밭을 만들어 봄이 되면 씨를 뿌리고, 집에서 먹을 수 있는 것들을 키우고 있어요. 함께 흙 내음 맡으면서 텃밭을 가꾸고 수확해 볼까요.

Farm #1
토마토

Level

Template
토마토 전개도 p.155

Paper
키칼라 Chili Pepper 120g/m²
칼라플랜 Lockwood Green 135g/m²

Material
자, 가위, 커터칼, 도트봉, 핀셋, 목공풀

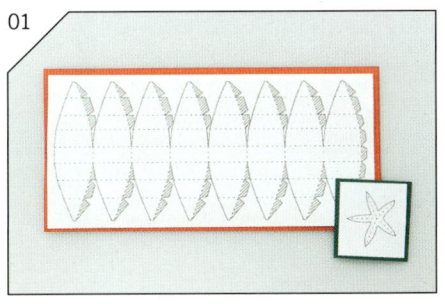

전개도를 종이에 부착하고, 재료를 준비합니다.

점선은 도트봉으로 그어주세요.

실선은 칼이나 가위를 이용하여 잘라주세요.

도트봉으로 그은 접는 선을 따라 잘 접어주세요.

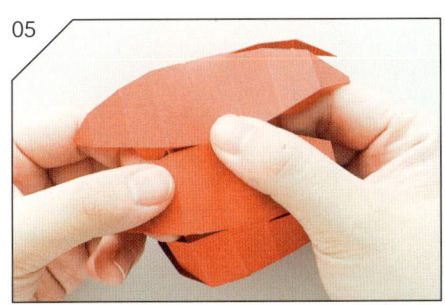

동그랗게 모양을 만들며 가운데 부분을 먼저 붙여주세요.

가운데를 기준으로 한 칸씩 쌓아 올린다는 생각으로 붙여주세요.

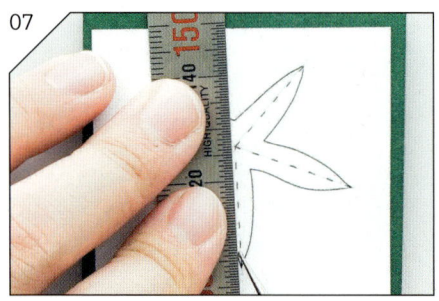

07

토마토 잎의 점선은 도트봉으로 그어주세요.

08

실선을 따라 잘라준 후 접는 선을 따라 접어주세요.

09

토마토 잎의 모양을 다듬어주세요.

10

토마토 중앙이 움푹 들어가도록 가볍게 눌러주세요.

11

토마토 잎 뒷면 가운데에 적당량의 목공풀을 바르고 토마토의 들어간 부분 중앙에 붙여주세요.

Farm #2

레몬

Level

Template

레몬 전개도 p.157

Paper

칼라플랜 Factory Yellow 135g/m²

Material

자, 가위, 커터칼,
핀셋, 목공풀

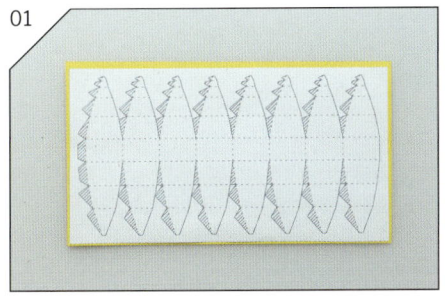

전개도를 종이에 부착하고, 재료를 준비합니다.

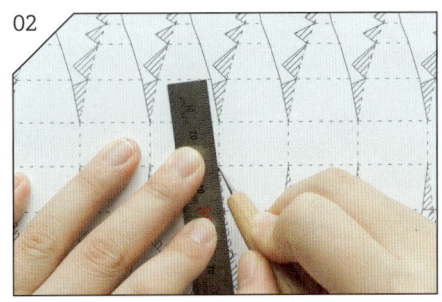

점선은 도트봉으로 그어주세요.

실선은 칼이나 가위를 이용하여 잘라주세요.

도트봉으로 그은 선을 따라 접어주세요.

동그랗게 모양을 만들며 가운데 부분을 먼저 목공풀로 붙여주세요.

가운데를 기준으로 작은 면이 많은 쪽부터 한 칸씩 쌓아 올린다는 생각으로 붙여주세요.

07

구의 형태로 만들며 모서리가 벌어지지 않도록
조심히 붙여주세요.

08

반대쪽도 차근차근 모아가며 붙여줍니다.

09

손이 들어가지 않는 부분은 핀셋을 이용하여
끝과 끝을 잘 맞춰 붙여주세요.

> **Tip**
>
> 레몬의 윗부분은 작은 면으로 구성되어, 도트봉으로 접는 선을 그어주고
> 접는 선을 따라 잘 접어줘야 해요. 붙일 때는 한 손은 종이 위에, 한 손은
> 종이 안으로 손을 넣어 붙이면 작은 면들도 수월하게 붙일 수 있습니다.

Farm #3
버섯

Level
★★☆

Template
버섯 전개도 p.159

Paper
키칼라 Snow White 120g/m²
삼원칼라 밤색 120g/m²

Material
자, 가위, 커터칼, 도트봉, 핀셋, 목공풀

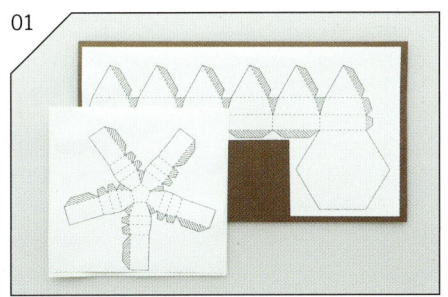

전개도를 종이에 부착하고, 재료를 준비합니다.

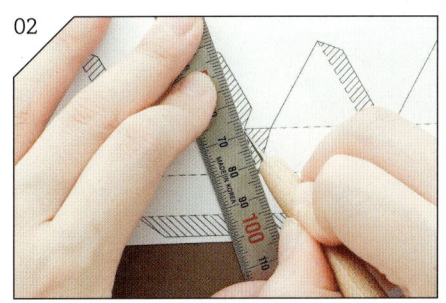

점선은 도트봉으로 그어주세요.

실선은 칼이나 가위를 이용하여 잘라주세요.

도트봉으로 그은 선을 따라 접어주세요.

버섯갓은 동그랗게 모양을 만들며 가장 아랫부분을 먼저 붙여주세요.

한 칸씩 쌓아 올리며 붙여주세요.

버섯갓 바닥면에 풀을 붙여 연결해 주세요.

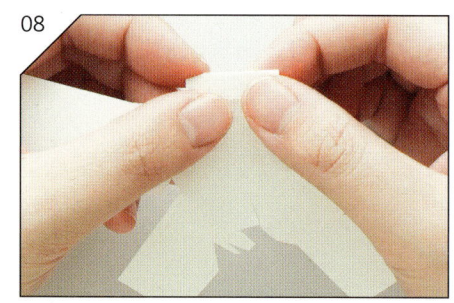

버섯 밑동도 도트봉으로 그은 면을 하나씩 접어주세요.

버섯 밑동을 붙이며 모양을 만들어줍니다.

버섯갓에 밑동을 붙일 때는, 밑동의 뚫린 부분 끝 모서리에 목공풀을 바른 후 버섯갓의 가운데에 붙여주세요.

> **Tip**
>
> 버섯갓과 밑동을 연결할 때 목공풀을 모서리 전체에 넉넉히 바른 후 모양을 잡아가며 붙여주세요. 넉넉히 발라 삐져나오는 목공풀은 손이나 휴지로 닦으면서 붙이면 됩니다.

Farm #4
가지

Level
★★☆

Template
가지 전개도 p.163

Paper
키칼라 Prune 120g/m²
키칼라 Kiwi 120g/m²

Material
자, 가위, 커터칼, 핀셋, 목공풀

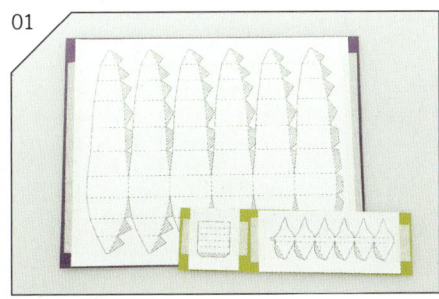

전개도를 종이에 부착하고, 재료를 준비합니다.

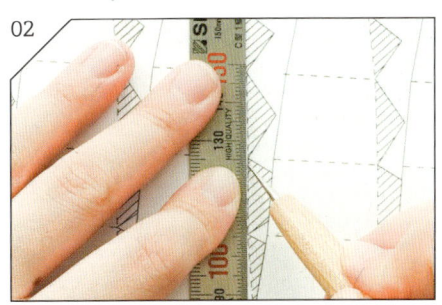

점선은 도트봉으로 그어주세요.

실선은 칼이나 가위를 이용하여 잘라주세요.

도트봉으로 그은 선을 따라 접어주세요.

동그랗게 모양을 만들며 가운데 부분을 먼저 붙여주세요.

가운데를 기준으로 한 칸씩 쌓아 올리며 붙여주세요.

가지의 잎과 줄기를 접는 선을 따라
접어주세요.

가지의 잎과 줄기의 풀 붙이는 면에 목공풀을
발라 모양을 만들어주세요.

가지의 잎 안쪽에 목공풀을 듬뿍 바른 후
가지의 윗부분에 붙여주세요.

가지의 줄기 한쪽 끝에 목공풀을 바른 후 가지
잎의 가운데에 붙여주세요.

Tip

가지 줄기를 붙일 땐 한쪽 끝에 적당량의 목공풀을 발라주세요. 적은 양을
바르면 쉽게 떨어지고 많이 바르면 목공풀이 삐져나와 예쁘지 않아요.

Farm #5
로즈메리

Level
★☆☆

Template
로즈메리 전개도 p.165

Paper
칼라플랜 Lockwood Green 135g/m²
칼라플랜 Bagdad Brown 135g/m²

Material
자, 가위, 커터칼, 도트봉, 롤링막대, 핀셋, 목공풀

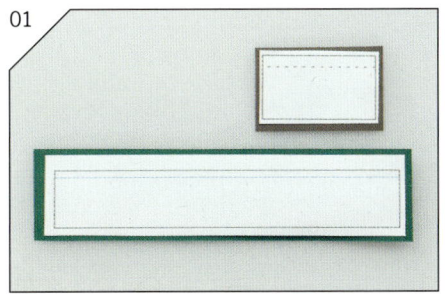

전개도를 종이에 부착하고, 재료를 준비합니다.

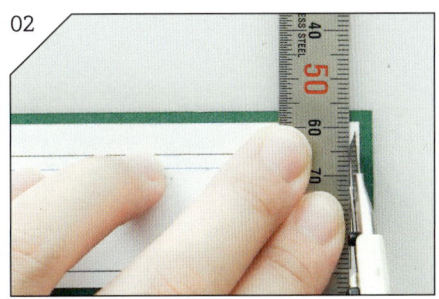

점선은 도트봉으로 그어주고, 실선은 칼이나 가위를 이용하여 잘라주세요.

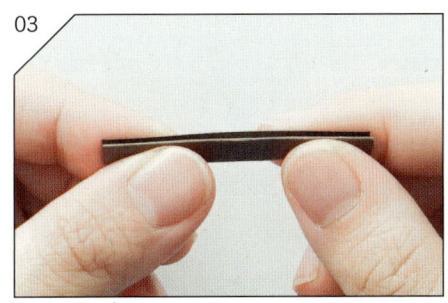

줄기는 접는 선을 따라 잘 접은 후 돌돌 말아주세요.

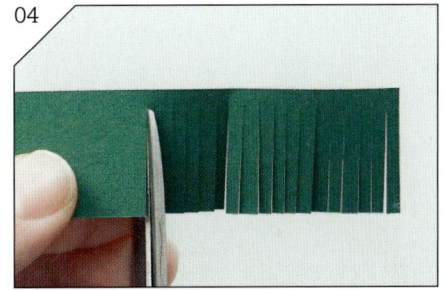

잎은 끝부분을 조금 남기고 2mm 간격으로 잘라주세요.

줄기 끝부분에 잎을 감아 붙여주세요.

처음 잎을 붙인 곳에서 1cm 떨어뜨려 잎을 붙여주세요.

이 과정을 두 번 더 반복합니다.

롤링막대를 이용하여 로즈메리 잎을 바깥으로 말아주세요.

> **Tip**
>
> 로즈메리 잎을 2mm 간격으로 자를 때 중간에 종이가 끊어져도 계속 잘라주세요. 붙일 때 풀로 연결해서 붙여주면 됩니다.

Farm #6
서양배

Level

★☆☆

Template

서양배 전개도 p.167

Paper

칼라플랜 Citrine 135g/m²
칼라플랜 Bagdad Brown 135g/m²

Material

자, 가위, 커터칼, 도트봉, 핀셋, 목공풀

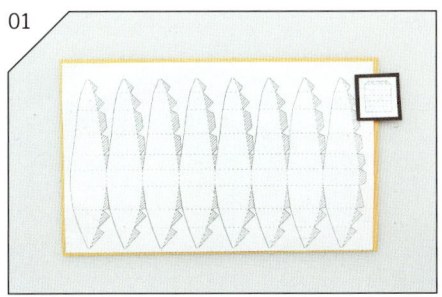

전개도를 종이에 부착하고, 재료를 준비합니다.

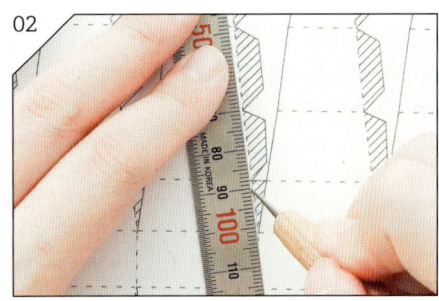

점선은 도트봉으로 그어주세요.

실선은 칼이나 가위를 이용하여 잘라주세요.

도트봉으로 그은 선을 따라 접어주세요.

동그랗게 모양을 만들며 가운데 부분을 먼저 붙여주세요.

가운데를 기준으로 한 칸씩 쌓아 올리며 붙여주세요.

손이 들어가지 않는 부분은 핀셋을 이용하여 붙여주세요.

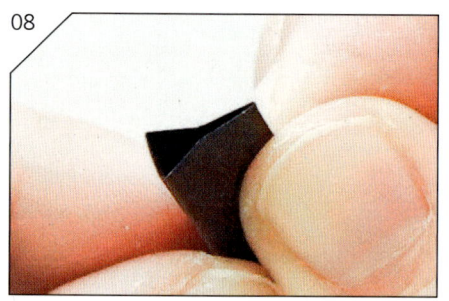

가지 부분은 끝과 끝부분을 붙여 동그란 기둥 모양으로 만들어주세요.

가지 한쪽 끝에 목공풀을 바른 후 서양배의 위쪽 가운데에 붙여주세요.

Tip

서양배의 가지가 열매에 완전히 붙을 때까지 적당한 힘을 주어 붙여주세요.

Chapter 3

종이 작업실 뒤뜰

꽃은 주고받고, 꽂아두는 행위 자체만으로도 큰 힘이 있어요. '축하해', '미안해', '사랑해', '응원해', '내가 곁에 있을게', '잘했어'. 말을 하지 않아도 이렇게 많은 말들을 담은 존재가 있을까요. 종이로 꽃을 만드는 이유도 같습니다. 그 존재 자체가 빛나고 아름답기 때문이에요. 계절에 따라, 기분에 따라 거실 중앙 티테이블 위, 서재의 책꽂이 한 켠, 주방 식탁 위에 꽃을 꽂아두는 게 저에겐 큰 위안이고 영감을 받는 일이에요. 페이퍼 플라워는 생화와 다른 매력이 있어요. 정물화가 입체로 튀어나온 듯이 하나의 작품이 되고, 실제 존재하지 않는 색으로 꽃을 만들 수도 있어요. 꽃잎 하나하나를 다듬는 일은 시간이 걸리는 만큼 지루할 수도 있지만 마음이 편안해지고 생각을 정리하는 데에 좋은 작업이에요. 꽃잎을 하나씩 만든 뒤 하나로 합쳐서 꽃 한 송이를 피워보면 성취감과 뿌듯함이 만개한 꽃처럼 커질 거예요.

Flower #1
금매화

Level
★☆☆

Template
금매화 전개도 p.169

Paper
칼라플랜 Citrine 135g/m²

Material
자, 가위, 곡선칼,
롤링막대, 핀셋, 목공풀

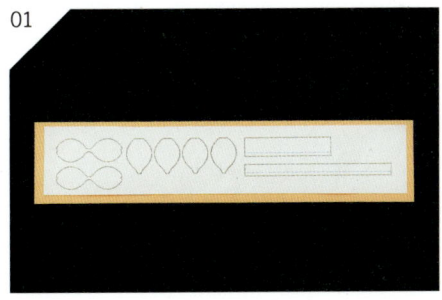

전개도를 종이에 부착하고, 재료를
준비합니다.

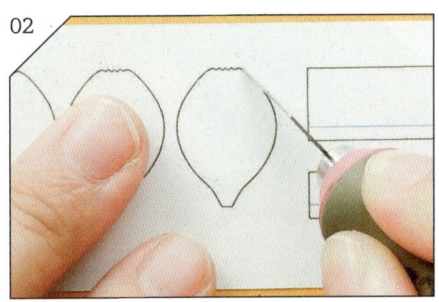

실선을 따라 곡선칼이나 가위를 이용하여
잘라주세요.

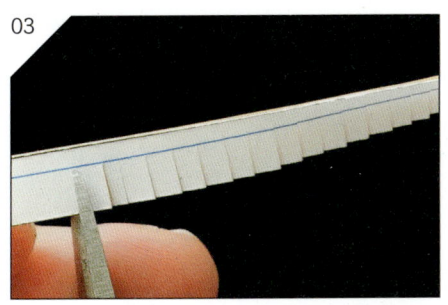

긴 수술은 1mm 간격으로, 짧은 수술은 3mm
간격으로 촘촘히 잘라주세요.

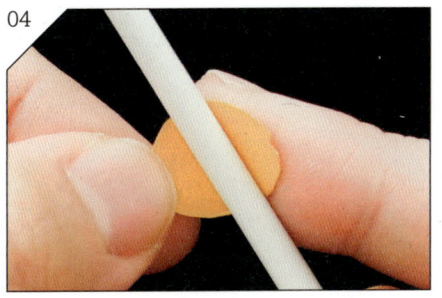

꽃잎은 롤링막대를 이용하여 모두 한쪽으로
말아주세요.

길게 붙어 있는 꽃잎 2개를 열십(+)자
모양으로 붙여주세요.

05번의 꽃잎을 뒤집어서 나머지 꽃잎 4개를
꽃잎 사이사이에 붙여주세요.

07

짧은 수술의 자르지 않은 부분에 목공풀을 조금씩 바르며 말고, 그 위에 긴 수술을 이어 붙여 돌돌 말아주세요.

08

수술을 바깥으로 활짝 펼쳐주세요.

09

롤링막대로 수술을 안쪽으로 살짝 말아줍니다.

10

수술의 아래에 목공풀을 듬뿍 발라 꽃잎의 중앙에 붙여주세요.

Tip

수술을 자를 때는 전개도에 표시된 파란 선까지 잘라주고, 잘못 잘라 끝까지 잘랐어도 붙일 때 이어 붙이면 됩니다. 좁은 간격으로 자르는 작업은 천천히 차분하게 진행해 주세요.

Flower #2
데이지

Level
★★☆

Template
데이지 전개도 p.171

Paper
키칼라 Pure White 120g/m²
칼라플랜 Citrine 135g/m²

Material
자, 가위, 곡선칼, 도트봉,
롤링막대, 핀셋, 목공풀

01 전개도를 종이에 부착하고, 재료를 준비합니다.

02 실선을 따라 곡선칼이나 가위를 이용하여 잘라주세요.

03 도트봉으로 꽃잎의 중앙에서 바깥으로 잎맥을 그어주세요.

04 롤링막대로 꽃잎을 하나씩 세로로 둥글게 말아주세요.

05 꽃잎 2개를 서로 엇갈리게 붙여주세요.

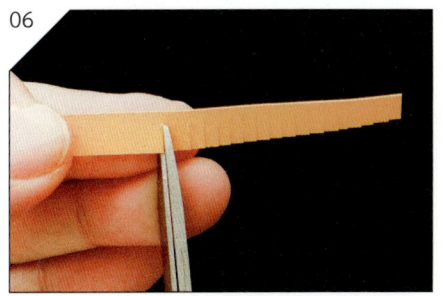
06 수술은 2mm 간격으로 촘촘히 잘라주세요.

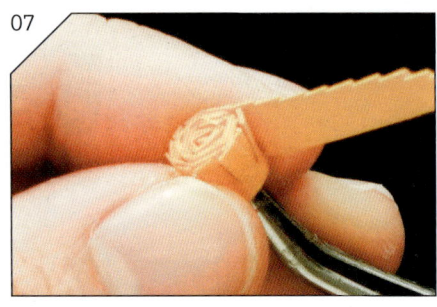

수술의 자르지 않은 부분에 목공풀을 조금씩 바르며 말아주세요.

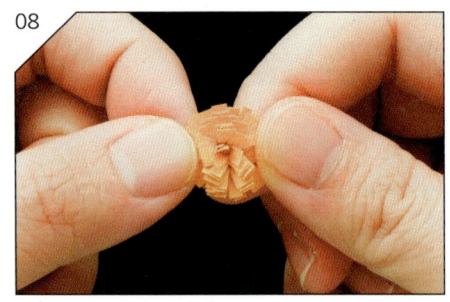

돌돌 말아준 수술 끝부분을 바깥으로 활짝 펼쳐주세요.

수술의 아래에 목공풀을 듬뿍 발라 꽃잎에 붙여주세요.

Tip

꽃잎의 잎맥은 칼등, 도트봉, 이쑤시개 등 뾰족한 도구로 그어주세요. 꽃잎 하나에 4~5개 정도 그어주면 섬세하게 표현된 예쁜 꽃잎이 완성됩니다.

Flower #3
꽃마리

Level
★☆☆

Template
꽃마리 전개도 p.173

Paper
삼원칼라 연청색 120g/m²
삼원칼라 흰색 120g/m²
삼원칼라 밝은노랑색 120g/m²

Material
곡선칼, 롤링 막대, 핀셋, 목공풀

전개도를 종이에 부착하고, 재료를 준비합니다.

실선을 따라 곡선칼을 이용하여 잘라주세요.

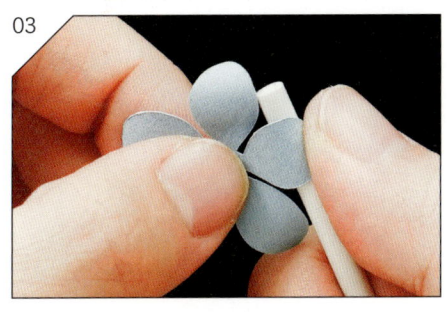

꽃잎은 롤링막대를 이용하여 위쪽 면이 살짝 볼록해지도록 바깥쪽으로 말아주세요.

파란 꽃잎에 흰색 꽃잎을 붙여주세요.

꽃의 가운데에 노란색 동그라미를 붙여주세요.

Flower #4

동백

Level
★★★

Template
동백 전개도 p.175

Paper
키칼라 Guardsman Red 120g/m²
키칼라 Pure White 120g/m²

Material
자, 곡선칼, 핀셋, 롤링막대,
목공풀, 노란색 물감 또는 색연필

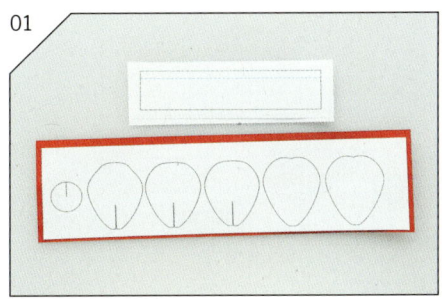

전개도를 종이에 부착하고, 재료를 준비합니다.

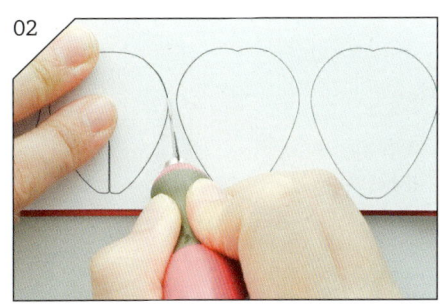

실선을 따라 곡선칼을 이용하여 잘라주세요.

수술은 2mm 간격으로 잘라주세요.

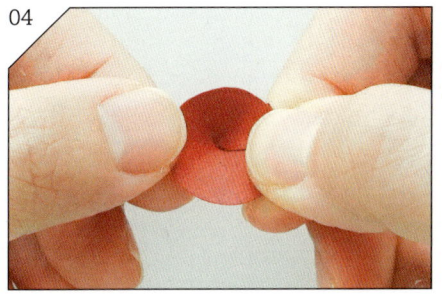

동그란 꽃받침은 고깔 모양으로 붙여주세요.

꽃잎의 양쪽, 아래쪽 끝부분을 롤링막대를 이용하여 안쪽으로 말아주세요

끝이 갈라진 꽃잎은 살짝 어긋나게 겹쳐 붙여주세요.

가장 큰 꽃잎 2개를 꽃받침에 마주 보게 붙여주세요.

나머지 꽃잎들은 빈 부분을 채워 자연스럽게 붙여주세요.

수술의 끝부분에 노랑 물감이나 색연필 등을 이용하여 5mm 정도 칠해주세요.

수술을 동그랗게 말아 끝부분에 풀을 발라 붙여주세요.

적당한 힘으로 수술을 바깥쪽으로 자연스럽게 펼쳐주세요.

수술을 꽃의 가운데에 붙여주세요.

Flower #5
호접란

Level
★★★

Template
호접란 전개도 p.177

Paper
칼라플랜 Ice White 135g/m²

Material
곡선칼, 롤링막대, 핀셋, 목공풀

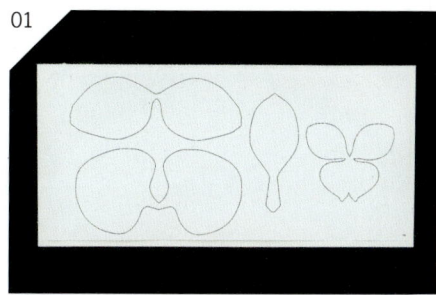

전개도를 종이에 부착하고, 재료를 준비합니다.

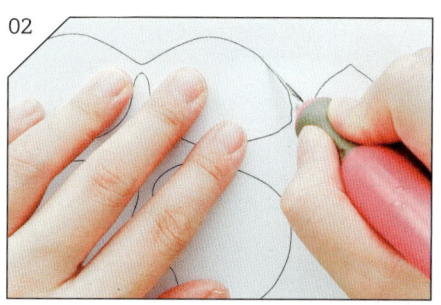

실선을 따라 곡선칼을 이용하여 잘라주세요.

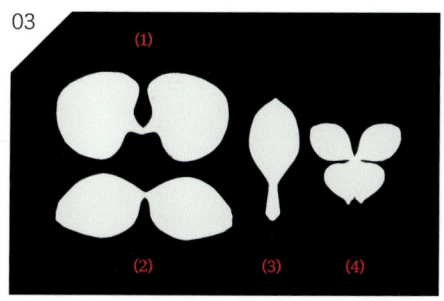

꽃잎을 사진처럼 정리해 주세요.

(1)번과 (2)번은 꽃잎이 볼록하게 되도록 꽃잎의 양 옆을 말아주세요.

(3)번은 꽃잎의 넓은 부분은 앞으로, 좁은 부분을 뒤로 볼록하게 말아주세요.

(4)번 꽃잎은 모든 부분이 안쪽으로 오목하게 말리도록 끝부분을 안으로 말아주세요.

07
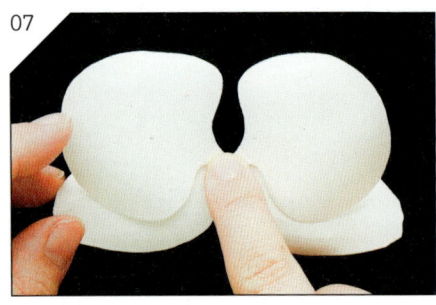

08

(1)번 꽃잎의 뒷면 중앙에 목공풀을 바른 후
(2)번 꽃잎을 밑에 오도록 붙여주세요.

(3)번 꽃잎을 위쪽은 뒤로, 아래 얇은 쪽은
앞으로 오도록 끼운 후 붙여주세요.

09

나머지 꽃잎을 06번의 아래 얇은 쪽 끝에
붙여주세요.

Tip

꽃잎이 앞에 오고 뒤로 가는 순서가 정해져 있어 헷갈리지 않게 꽃잎을
정리하고 순서에 맞게 붙여주세요. 붉은 색상의 호접란을 만들 때 하얀색
색연필로 수술을 그려주면 완성도가 높아집니다.

Flower #6

양귀비

Level

★★☆

Template

양귀비 전개도 p.179

Paper

키칼라 Chili Pepper 120g/m²
키칼라 Indian Yellow 120g/m²
키칼라 Deep Black 120g/m²

Material

가위, 도트봉, 롤링막대, 핀셋, 목공풀

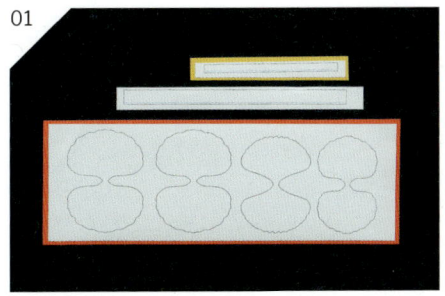

전개도를 종이에 부착하고, 재료를 준비합니다.

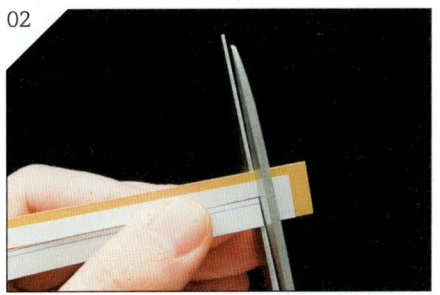

실선을 따라 가위를 이용하여 잘라주세요.

노란 수술은 3mm, 검정 수술은 2mm 간격으로 촘촘히 잘라주세요.

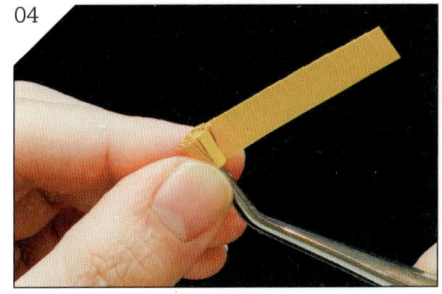

노란 수술의 자르지 않은 부분에 목공풀을 조금씩 바르며 말아주세요. 검정 수술도 같은 방법으로 만들어주세요.

노란 수술 위에 검정 수술을 이어 붙이고, 수술을 바깥으로 활짝 펼쳐주세요.

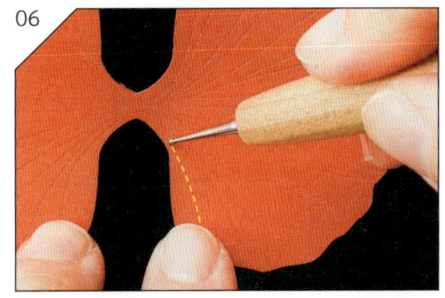

도트봉을 이용하여 꽃잎의 중앙에서 바깥으로 잎맥을 그어주세요.

꽃잎의 양 끝을 약하게 힘을 주어 안쪽으로 말아주세요.

가장 작은 꽃잎 2개를 서로 엇비스듬히 붙여주세요.

나머지 잎들도 크기대로 엇비스듬히 붙여주세요.

수술의 아래에 목공풀을 듬뿍 발라 꽃잎에 붙여주세요.

Tip

꽃잎의 잎맥은 칼등, 도트봉, 이쑤시개 등 뾰족한 도구로 그어주세요.
꽃잎의 형태를 따라 자연스럽게 잎맥을 표현해 주세요. 실제 꽃 사진을
참고하여 잎맥을 그리면 더욱 섬세한 표현이 가능해요.

Flower #7
장미

Level
★★☆

Template
장미 전개도 p.181

Paper
칼라플랜 Vermilion 135g/m²

Material
자, 가위, 도트봉, 롤링막대, 핀셋, 목공풀

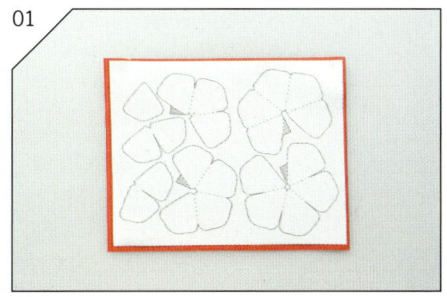

전개도를 종이에 부착하고, 재료를 준비합니다.

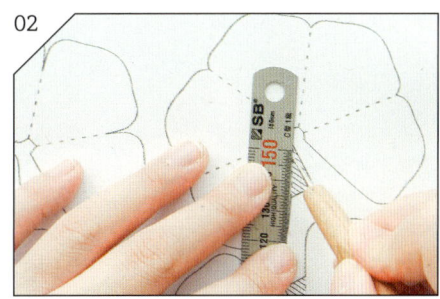

점선은 도트봉으로 그어주세요.

실선은 곡선칼이나 가위로 잘라주세요.

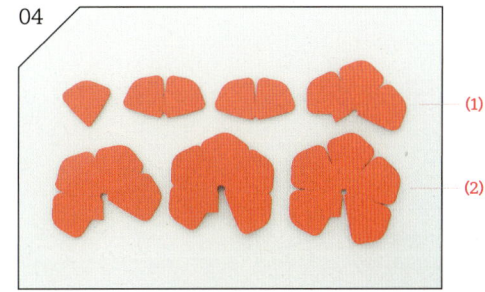

사진과 같이 꽃잎을 크기 순서대로 정리해 주세요.

(1)번의 꽃잎은 꽃잎의 양옆을, (2)번의 꽃잎은 끝을 살짝 말아주세요.

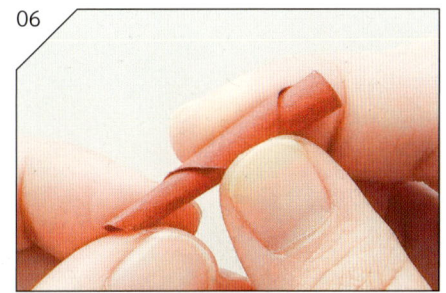

첫 번째 꽃잎은 돌돌 말아 붙여주세요.
두 번째 꽃잎은 첫 번째보다 더 여유롭게 말아 붙여주세요.

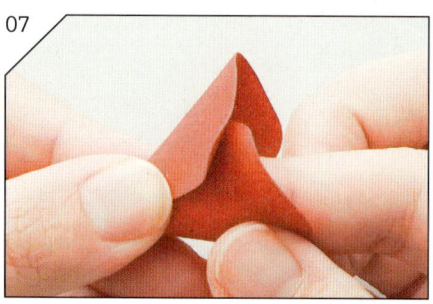

세 번째 꽃잎은 동그랗게 말아 양 끝부분을 붙여주세요.

나머지 꽃잎들은 풀 붙이는 면에 목공풀로 붙여주세요.

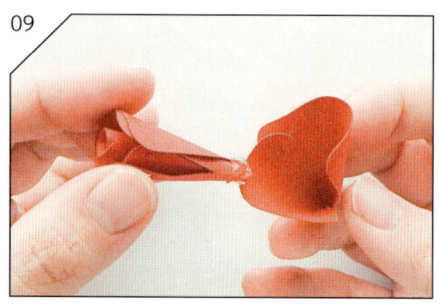

꽃잎의 아래에 글루건을 이용하여 크기순으로 붙여주세요.

꽃잎들이 서로 잘 붙을 때까지 잘 눌러주세요.

Tip

장미는 자연스러운 곡선이 중요해요. 각지지 않게 부드럽게 말아주세요.

Flower #8
클레마티스

Level
★★☆

Template
클레마티스 전개도 p.183

Paper
키칼라 Pure White 120g/m²
삼원칼라 밝은노랑색 120g/m²

Material
자, 가위, 도트봉, 롤링막대, 핀셋, 목공풀

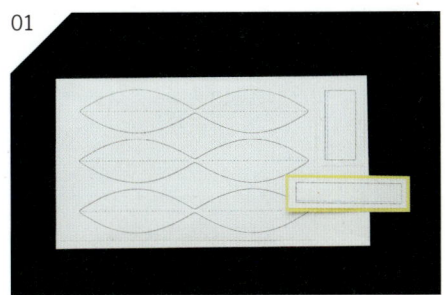

전개도를 종이에 부착하고, 재료를 준비합니다.

점선은 도트봉으로 그어주세요.

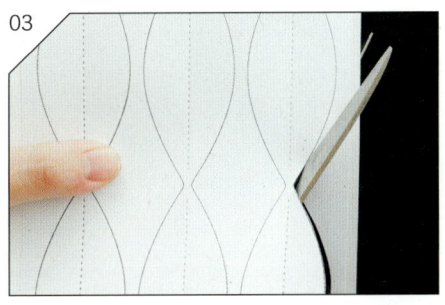

실선은 칼이나 가위를 이용하여 잘라주세요.

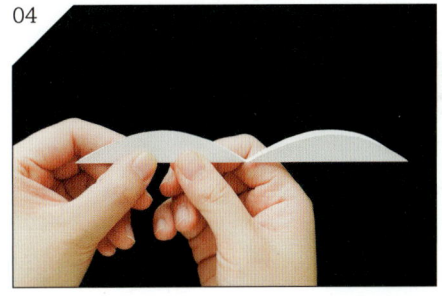

꽃잎은 접는 선을 따라 접었다가 펼쳐주세요.

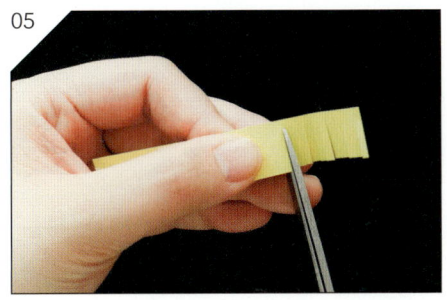

흰 수술은 1mm, 노란 수술은 2mm 간격으로 촘촘히 잘라주세요.

노란 수술의 자르지 않은 부분에 목공풀을 조금씩 바르며 돌돌 말고, 노란 수술 위에 흰 수술을 이어 붙여주세요.

수술을 바깥으로 활짝 펼쳐주세요.

수술의 윗부분이 안쪽으로 말리도록 말아주세요.

꽃잎을 서로 엇갈리게 붙여주세요.

롤링막대를 이용하여 꽃잎을 바깥으로 말아주세요.

수술의 아래에 목공풀을 듬뿍 발라 꽃잎에 붙여주세요.

Flower #9
네리네

Level
★★★

Template
네리네 전개도 p.185

Paper
디자인칼라 복숭아 116.3g/m²

Material
자, 가위, 도트봉, 롤링막대, 핀셋, 목공풀

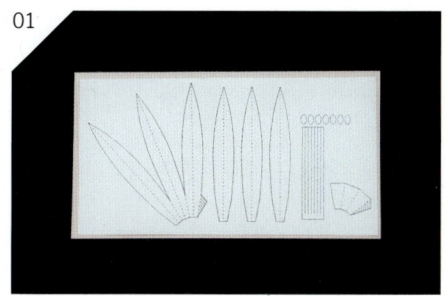

전개도를 종이에 부착하고, 재료를 준비합니다.

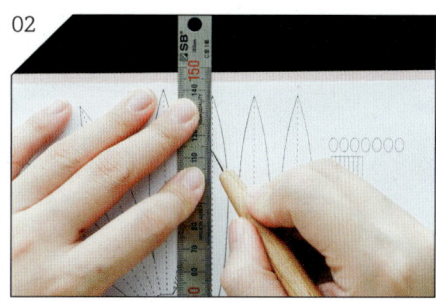

점선은 도트봉으로 그어주세요.

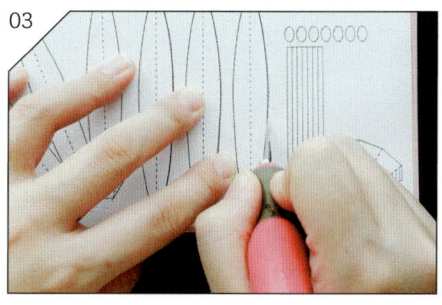

실선은 칼이나 가위를 이용하여 잘라주세요.

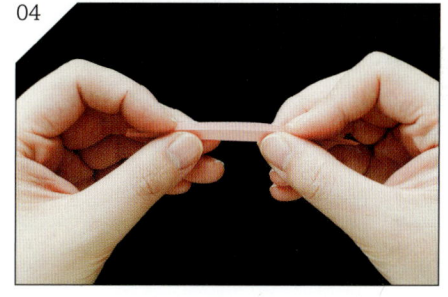

도트봉으로 그은 선을 따라 잘 접어주세요.

3개가 붙어 있는 꽃잎은 목공풀을 이용하여 붙여주세요.

낱개의 꽃잎은 꽃잎 사이사이에 붙여주세요.

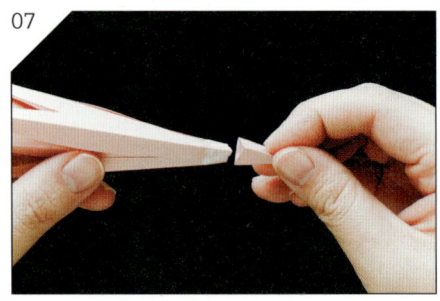

꽃받침을 만들어 목공풀로 붙여준 후, 꽃잎 아래에 붙여주세요.

꽃잎을 바깥쪽으로 말아주세요.

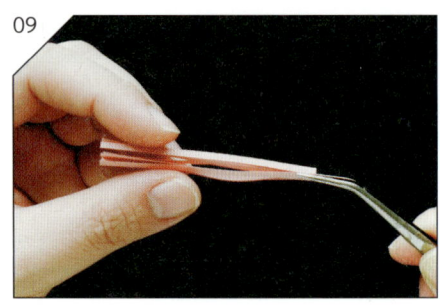

수술은 동그랗게 말아 끝과 끝을 붙여주세요.

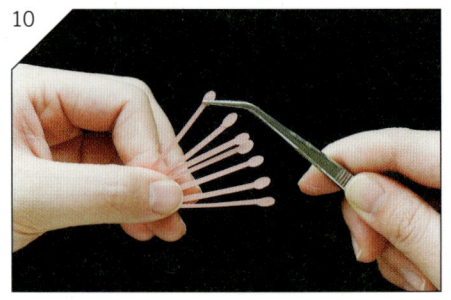

수술의 끝부분에 동그랗게 자른 꽃가루 부분을 하나씩 붙여주세요.

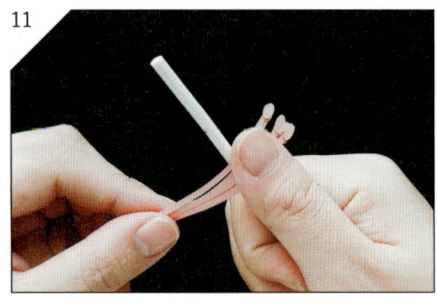

롤링막대를 이용하여 약한 힘으로 수술을 말아 자연스러운 표현을 해주세요.

수술의 아래에 목공풀을 듬뿍 발라 꽃 속에 붙여주세요.

Flower #10
아네모네

Level
★★☆

Template
아네모네 전개도 p.187

Paper
삼원칼라 보라색 120g/m²
삼원칼라 군청색 120g/m²
칼라플랜 Sappire 135g/m²

Material
자, 가위, 곡선칼, 롤링막대, 핀셋, 목공풀

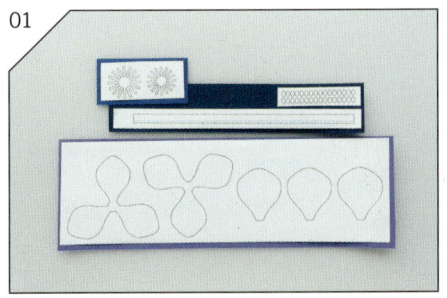

전개도를 종이에 부착하고, 재료를 준비합니다.

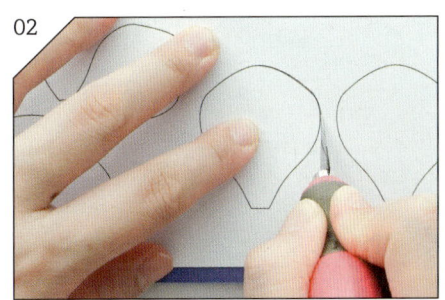

실선을 따라 칼이나 곡선칼로 잘라주세요.

롤링막대를 이용하여 꽃잎을 바깥쪽으로 살짝 말아주세요.

3개가 붙어 있는 꽃잎은 목공풀을 이용하여 서로 어긋나게 붙여주세요.

04번의 뒷면에 낱개의 꽃잎을 꽃잎 사이사이에 붙여주세요.

꽃가루를 수술 끝에 붙여주세요.

수술을 안쪽으로 말아주세요.

작은 수술을 큰 수술과 겹쳐 붙여주세요.

가장 가운데에 붙일 수술은 3mm 간격으로 자른 후 목공풀을 발라가며 돌돌 말아 붙여주세요.

수술을 바깥쪽으로 활짝 펼친 후 08번 가운데에 붙여주세요.

꽃잎 가운데에 수술을 붙여주세요.

Chapter 4

종이 작업실에서 매일을 특별하게

평범한 일상 속에 페이퍼 아트가 더해진다면 특이할 건 없지만 특별한 순간으로 기억될 거예요. 친구의 브라이덜 샤워를 위한 꽃팔찌, 우리 부부의 결혼기념일을 위한 화관과 브로치, 부모님의 환갑을 위한 케이크 토퍼, 그리고 제가 1년 중 제 생일보다 기다리고 좋아하는 크리스마스를 위한 소품들. 기념일이 아닌 날에도 봄이 되면 봄나물로 상을 차리고 테이블을 페이퍼 플라워로 꾸며 친구들을 초대하기도 하고, 여름엔 한강에 나가 친구들과 화관을 쓰고 추억을 남기기도 해요. 매년 돌아오는 날들일지라도, 매일 평범한 나날들일지라도 직접 만든 화관을 쓰고, 파티 테이블을 꾸미면 영화나 소설 속 주인공이 된 듯한 기분이에요. 〈노팅힐〉의 줄리아 로버츠처럼, 〈로맨틱 홀리데이〉의 카메론 디아즈처럼, 〈나 홀로 집에〉서의 맥컬리 컬킨처럼.

Happiness #1
꽃팔찌

Level

Template

꽃팔찌 전개도 p.189

Paper

칼라플랜 Vemilion 135g/m²
키칼라 Coral 135g/m²

Material

리본 60cm(폭 2.5cm), 글루건, 음료병 또는 컵

'장미' 만들기를 참고(p.98)해서 크고 작은 장미 4송이를 만들어주세요.

리본을 음료병 또는 컵에 묶어 고정해 주세요.

리본의 중앙에 가장 큰 장미를 글루건으로 붙여주세요.

두 번째로 큰 장미를 큰 장미 옆에 바로 붙여주세요.

나머지 장미들을 빈 곳에 붙여주세요.

Happiness #2
화관

Level

★★★

Template

화관 전개도 p.193

Paper

삼원칼라 진한파랑색 135g/m²
키칼라 Navy Blue 135g/m²

Material

리본 150cm(폭 1.5cm), 펠트지 30×4cm, 글루건

'데이지' 만들기를 참고(p.80)해서 데이지 10송이를 만들어주세요.

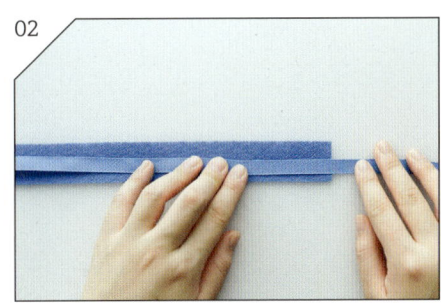

펠트지를 반으로 접은 후 중앙선과 리본의 윗선을 맞춰 리본을 놓아주세요. 펠트지 끝부분에 글루건을 조금씩 바르면서 반으로 접어 붙여주세요.

펠트지의 길이에 맞춰 꽃들의 위치를 정렬해 주세요.

가운데부터 바깥쪽으로 꽃들을 글루건으로 붙여주세요.

꽃들이 서로 조금씩 겹칠 수 있게 붙여주세요.

겹친 꽃잎들을 펼쳐주세요.

Happiness #3
브로치

Level

★★☆

Template

브로치 전개도 p.197

Paper

칼라플랜 Purple 135g/m²
칼라플랜 Citrine 135g/m²
삼원칼라 연청색 120g/m²
삼원칼라 흰색 120g/m²
삼원칼라 밝은노랑색 120g/m²

Material

리본 28cm(폭 2.5cm) 2개,
리본 35cm(폭 1cm), 브로치, 글루건

'금매화(p.76), 꽃마리(p.84), 호접란(p.90)' 만들기를 참고하여 꽃들을 만들어주세요.

28cm 리본 서로의 끝을 글루건으로 붙여 동그랗게 만들어주세요.

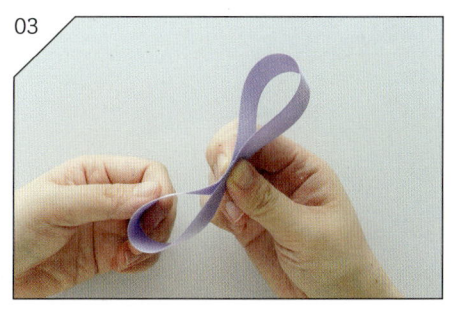

동그랗게 만든 리본의 안쪽 가운데를 붙여주세요.

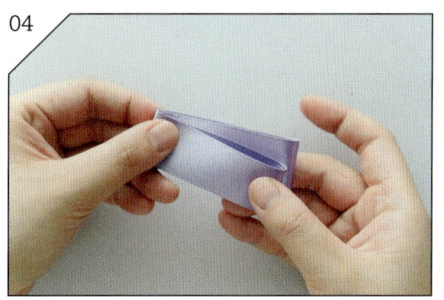

리본을 반으로 어긋나게 접어 붙여주세요.

반으로 접은 리본이 납작하게 고정될 수 있게 안쪽에 뜬 부분은 글루건으로 고정해 주세요.

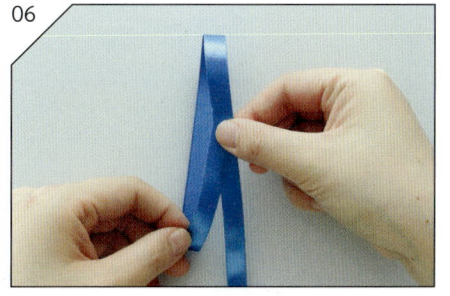

35cm 리본의 ⅔지점과 끝부분을 살짝 비틀어서 붙여주세요.

리본을 반으로 어긋나게 접어 붙여주세요.

리본을 색이 다른 것을 중간에 섞어 브로치의 오른쪽부터 가운데 순으로 차례대로 붙여주세요.

호접란은 중앙의 살짝 위쪽에 붙여주세요.

금매화는 브로치의 호접란 아래 왼쪽에 붙여주세요.

나머지 빈 곳에 꽃마리를 붙여주세요.

Happiness #4
케이크 토퍼

Level
★★☆

Template
케이크 토퍼 전개도 p.199

Paper
키칼라 Pure White 120g/m²
칼라플랜 Citrine 135g/m²
삼원칼라 밝은노랑색 120g/m²
칼라플랜 Factory yellow 135g/m²

Material
가위, 꼬치, 롤링막대,
양면테이프, 목공풀, 글루건

전개도의 실선을 따라 잘라준 후, 아래 5mm를 남기고 2mm 간격으로 촘촘히 잘라주세요.

잘리지 않은 아랫부분에 양면테이프를 붙여주세요.

꼬치를 양면테이프 바른 부분의 시작점에 붙여주세요.

종이를 끝까지 돌돌 말아주고 끝엔 풀리지 않게 목공풀을 발라 붙여주세요. 원하는 크기만큼 종이로 이어붙여 더욱 풍성하게 만들어도 좋아요.

롤링막대를 이용하여 토퍼를 민들레처럼 활짝 펼쳐주세요.

'데이지' 만들기를 참고(p.80)하여 꽃을 만들고, 꽃의 뒷면에 글루건을 이용하여 꼬치를 붙여주세요.

Happiness #5
크리스마스 리스

Level

★★★

Template

크리스마스 리스 전개도 p.205

Paper

칼라플랜 Purple 135g/m²
칼라플랜 Citrine 135g/m²
삼원칼라 연청색 120g/m²
삼원칼라 흰색 120g/m²
삼원칼라 밝은노랑색 120g/m²

Material

가위, 롤링막대, 도트봉,
리본 120cm(폭 2.5cm), 글루건

전개도의 실선을 따라 잘라주세요.

첫 번째 나뭇잎을 반으로 접어준 후 비스듬히 접어주세요.

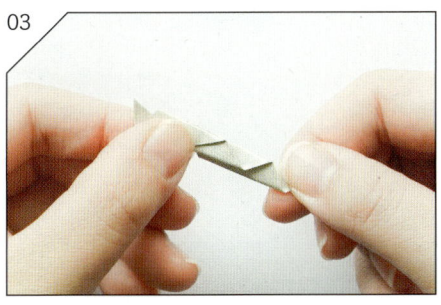

비스듬히 접은 선을 맞춰 앞뒤로 낙엽접기를 해주세요.

두 번째 나뭇잎은 반으로 접은 뒤 펼쳐 나뭇잎의 외곽을 2mm 간격으로 잘라주세요.

잘린 나뭇잎의 외곽 부분을 롤링막대를 이용하여 바깥으로 말아주세요.

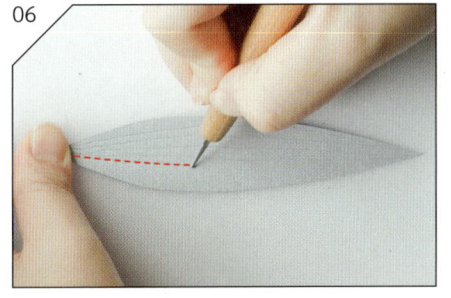

세 번째 나뭇잎은 도트봉을 이용하여 잎맥을 세로로 길게 그어주세요.

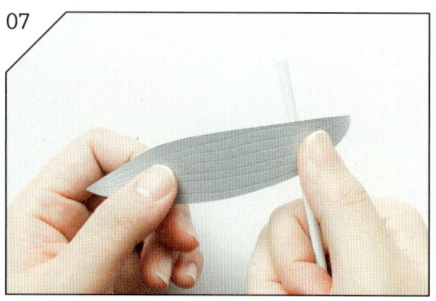

롤링막대를 이용하여 나뭇잎의 자연스러운 곡선을 표현해주세요.

'클레마티스' 만들기를 참고(p.102)하여 꽃을 만든 뒤, 리스 뒷판에 붙여주세요.

리스 뒷판에 나뭇잎을 큰 나뭇잎부터 작은 나뭇잎 순으로 붙여주세요.

비어 보이는 곳에 가장 작은 나뭇잎들로 채워주세요.

리스 뒷판을 뒤집어 글루건을 이용하여 리본을 양 끝에 붙여주세요.

Chapter 5

전개도

전개도는 www.gcolon.co.kr과 www.yjbooks.com에서
다운받을 수 있습니다.

pw paperart

❖ 전개도 사용법

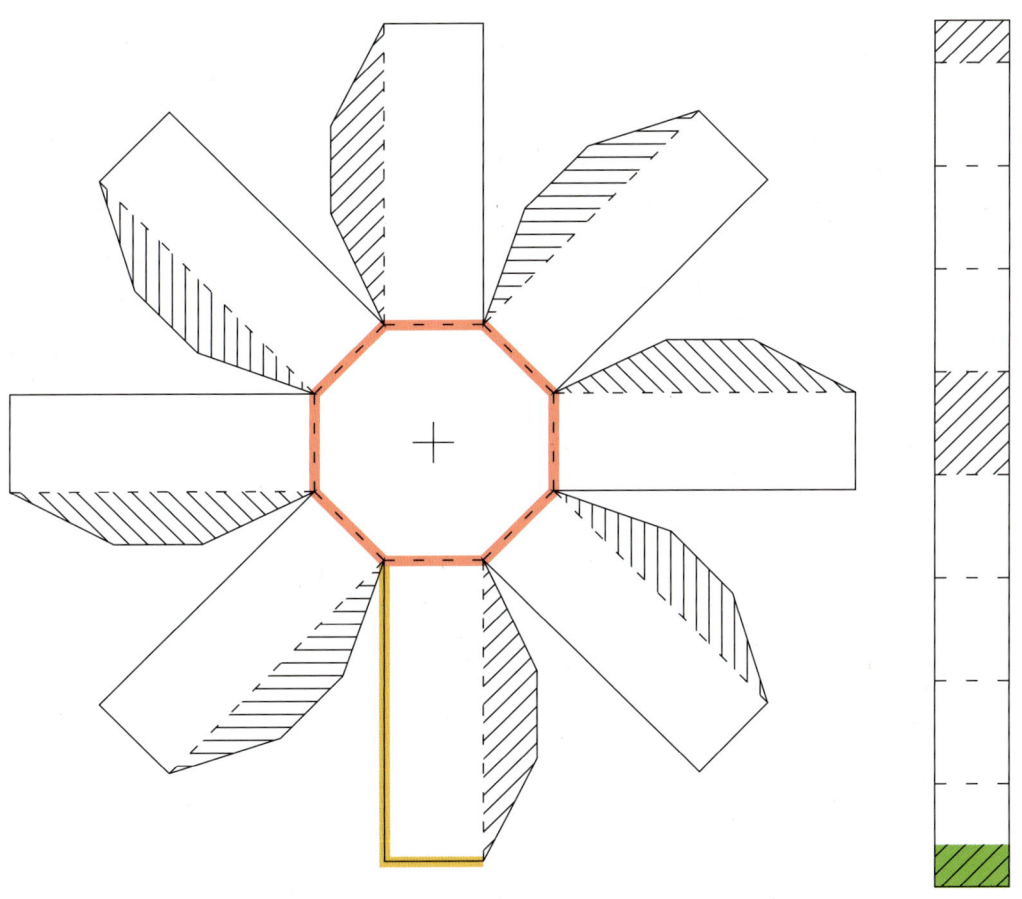

╌╌╌ 접는 선
─── 자르는 선
▨▨▨ 풀을 붙이는 면

직선

곡선

원형

별

접는선

전개도 사용법#1 **정육면체**

전개도 사용법#2 **직육면체**　　137

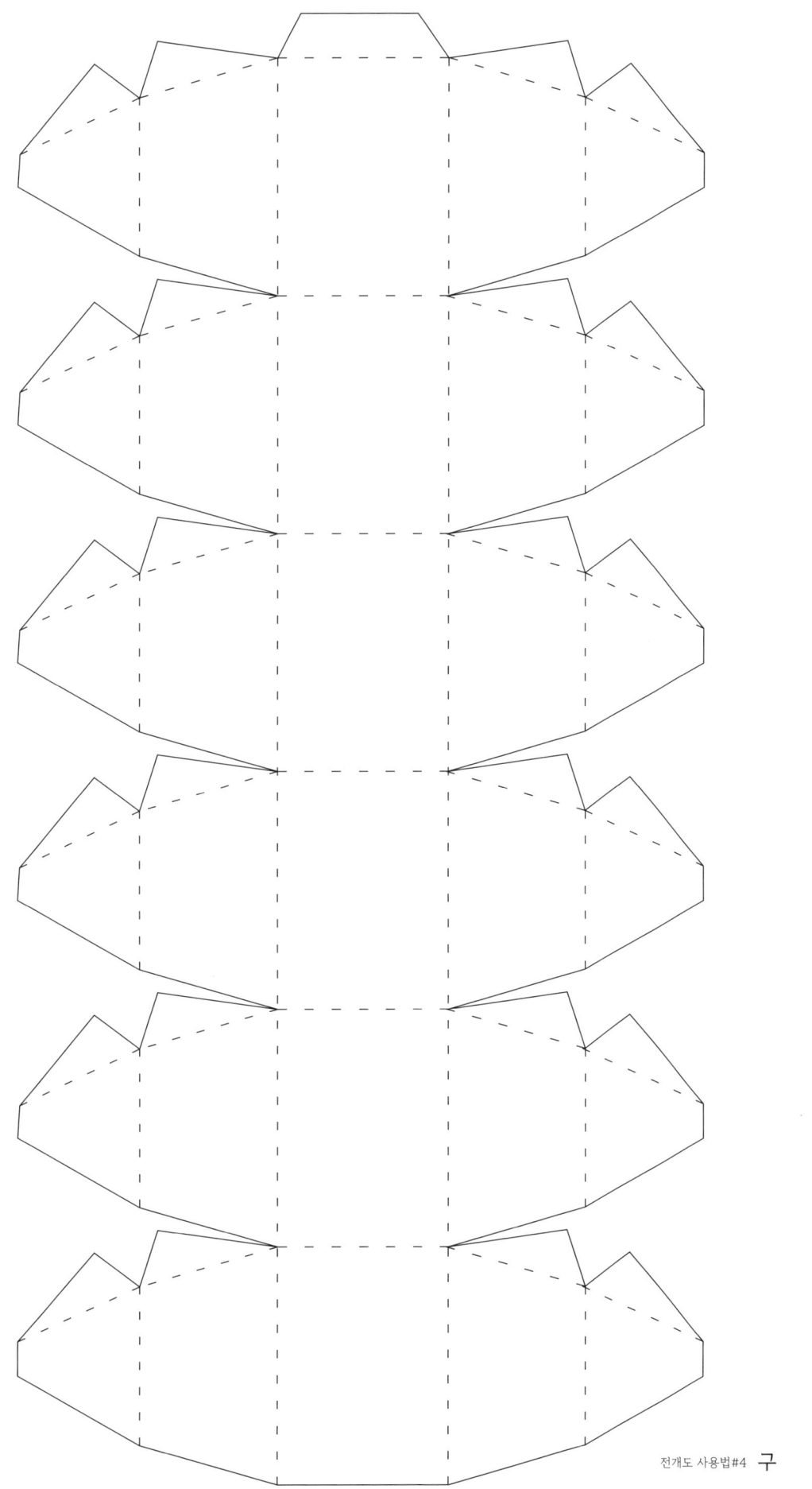

전개도 사용법#4 구

141

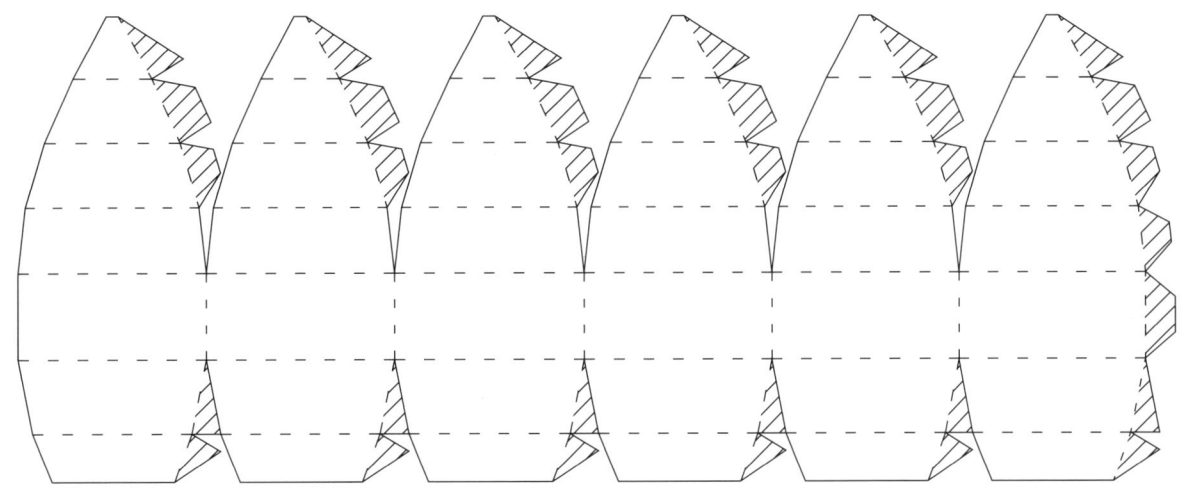

Room#1 풍경

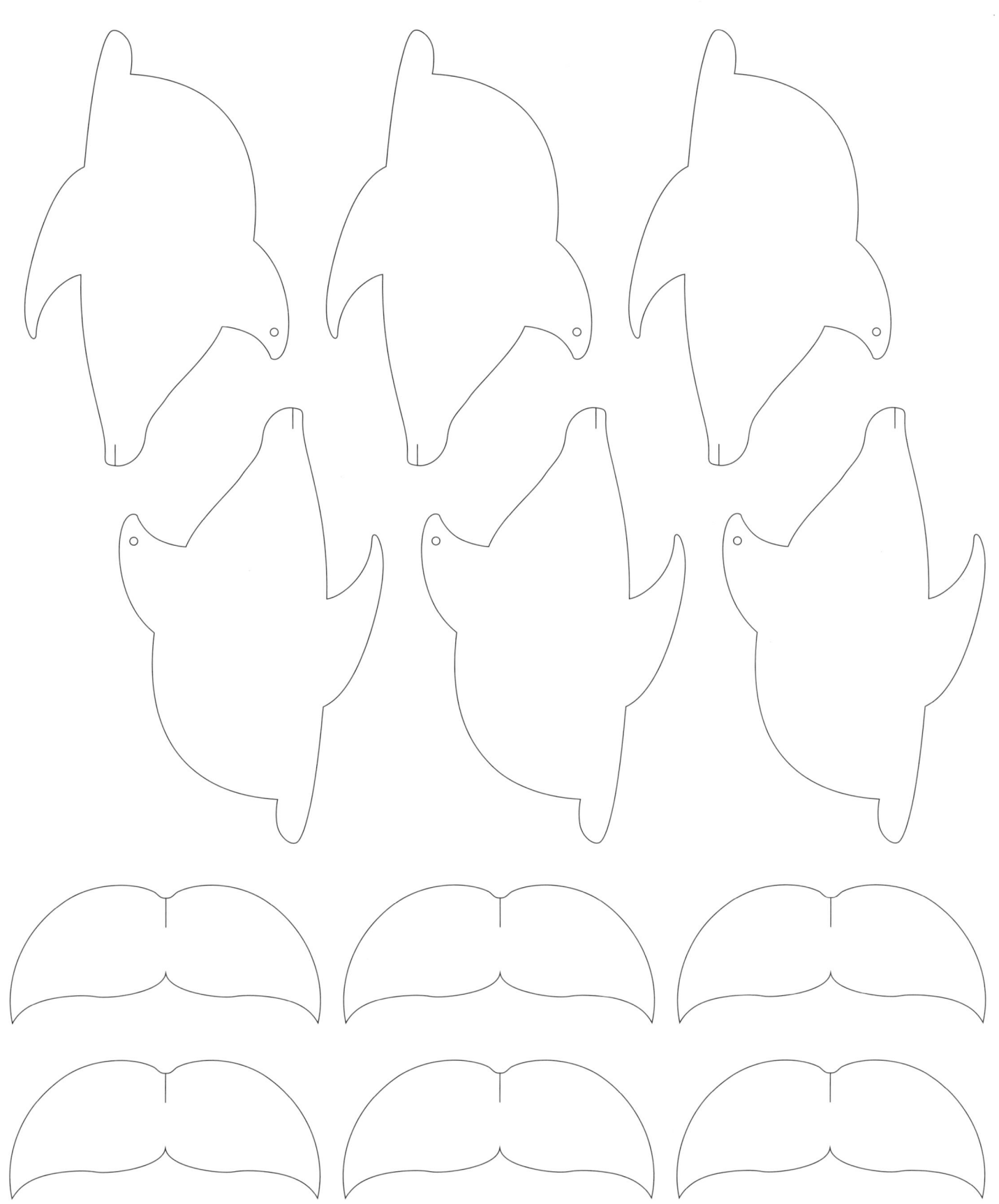

Room#2 모빌

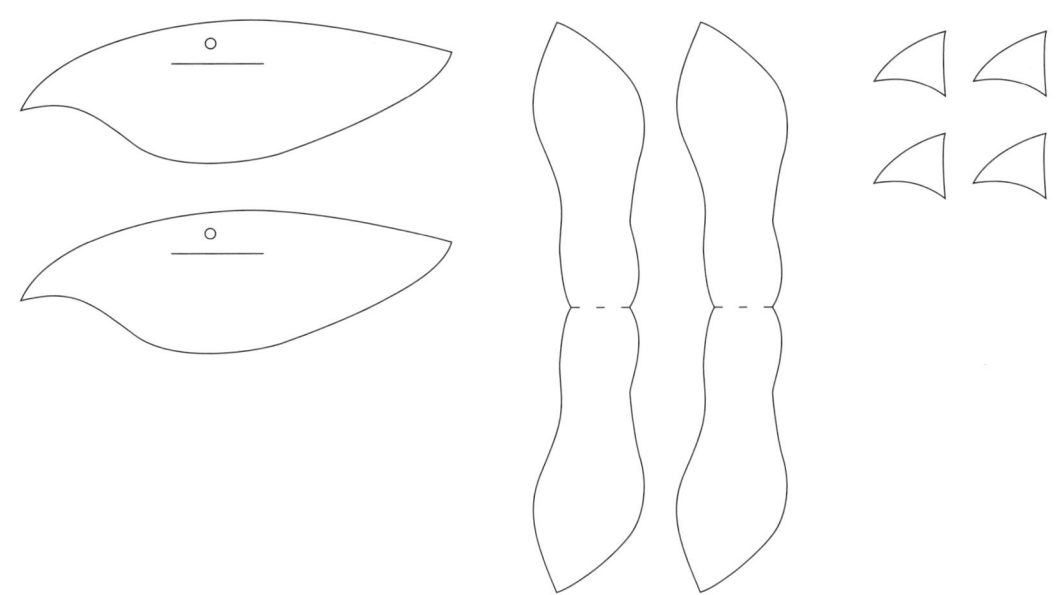
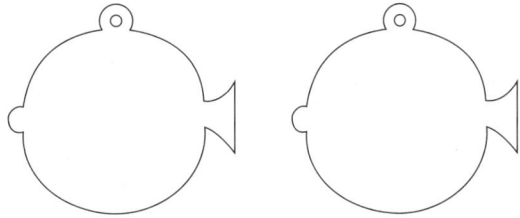

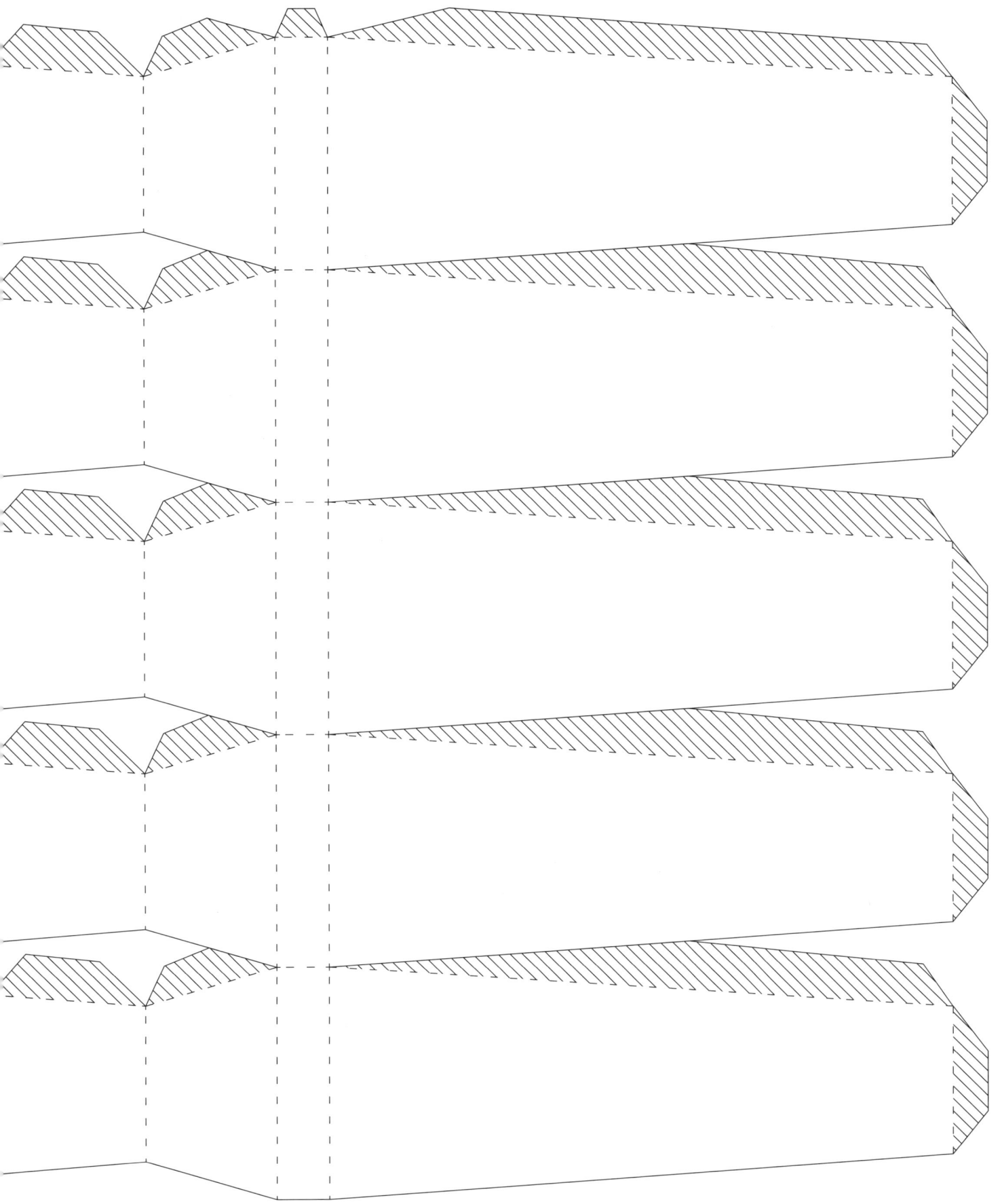

Room#3 화병

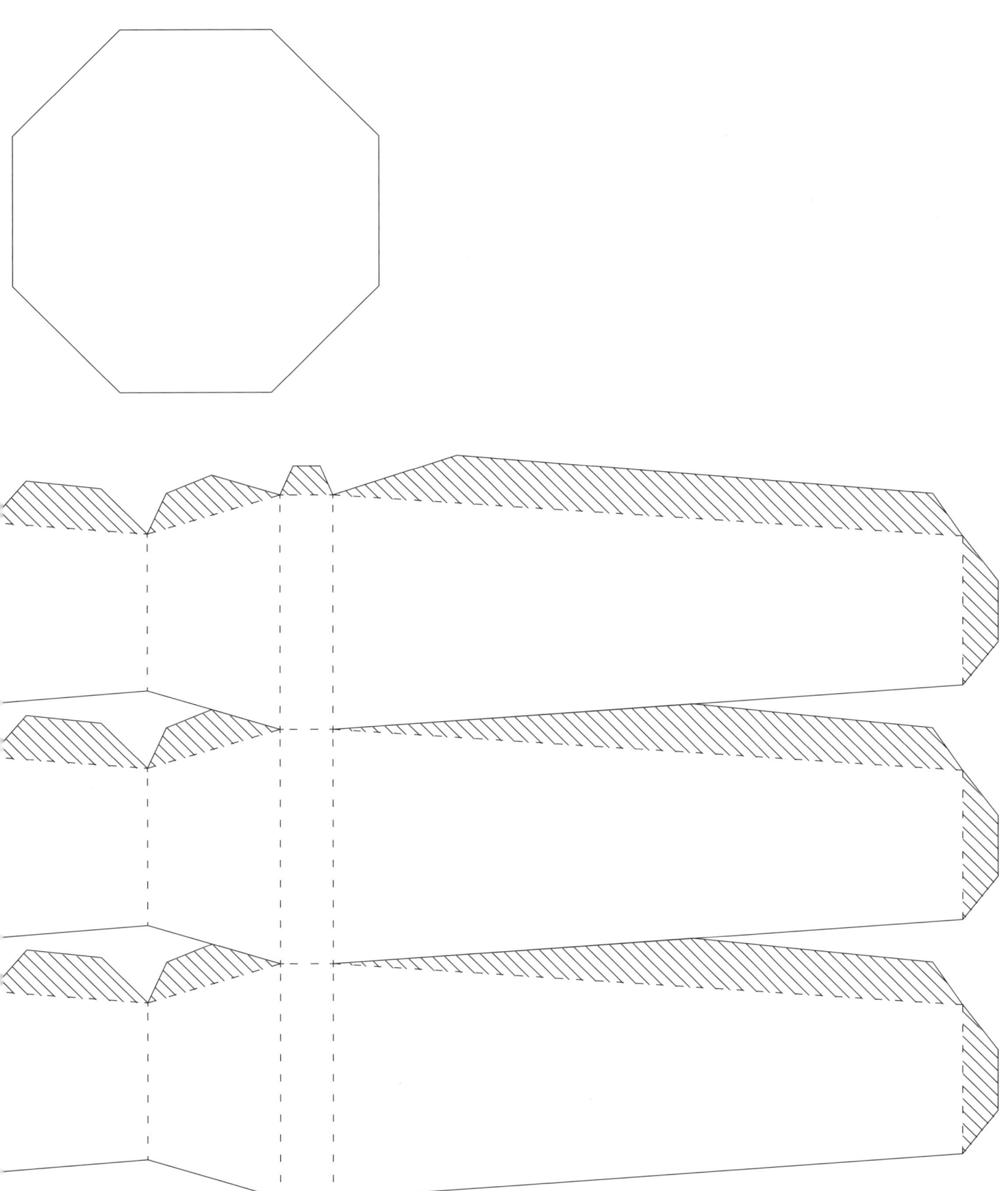

Room#3 화병

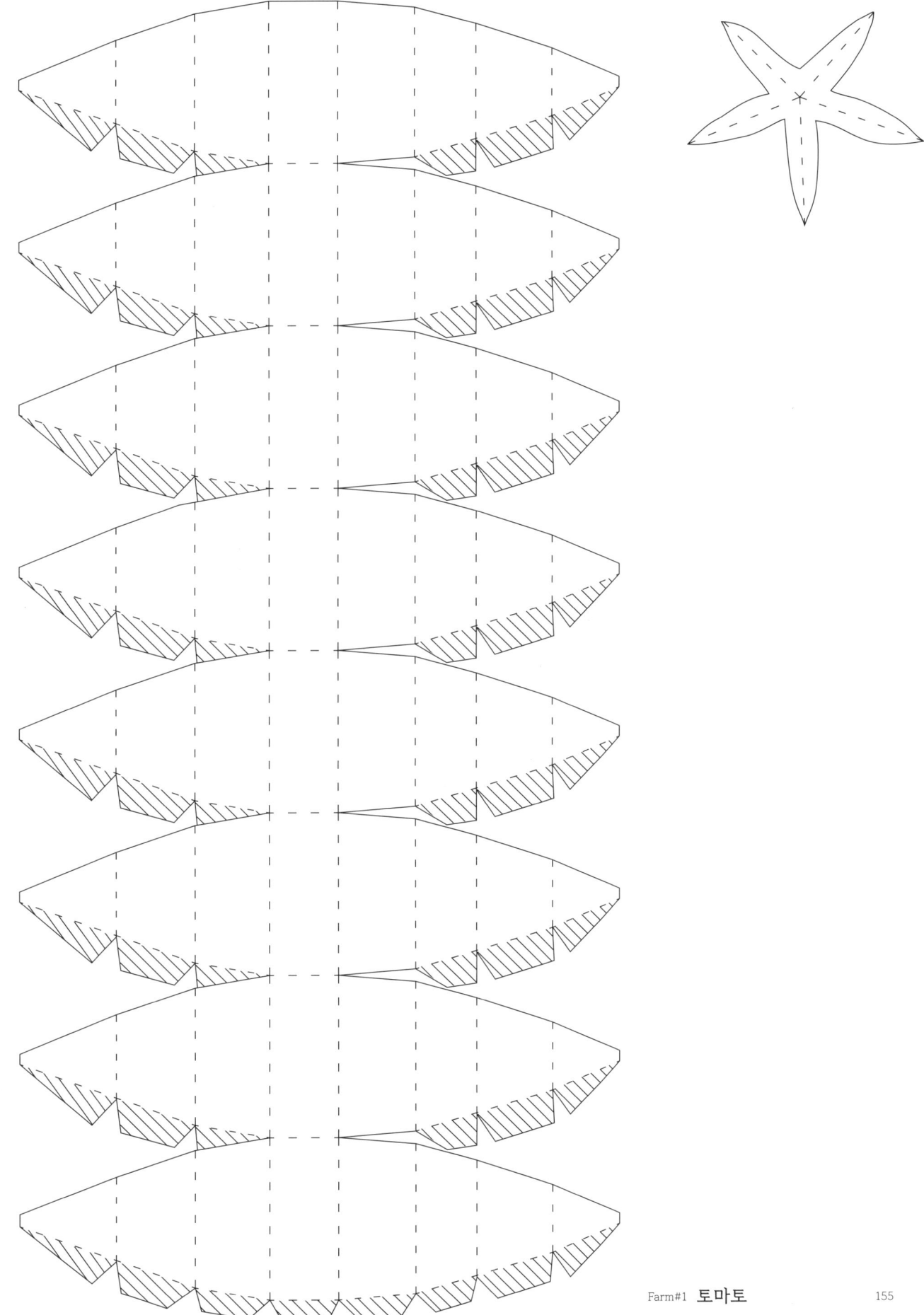

Farm#1 **토마토**

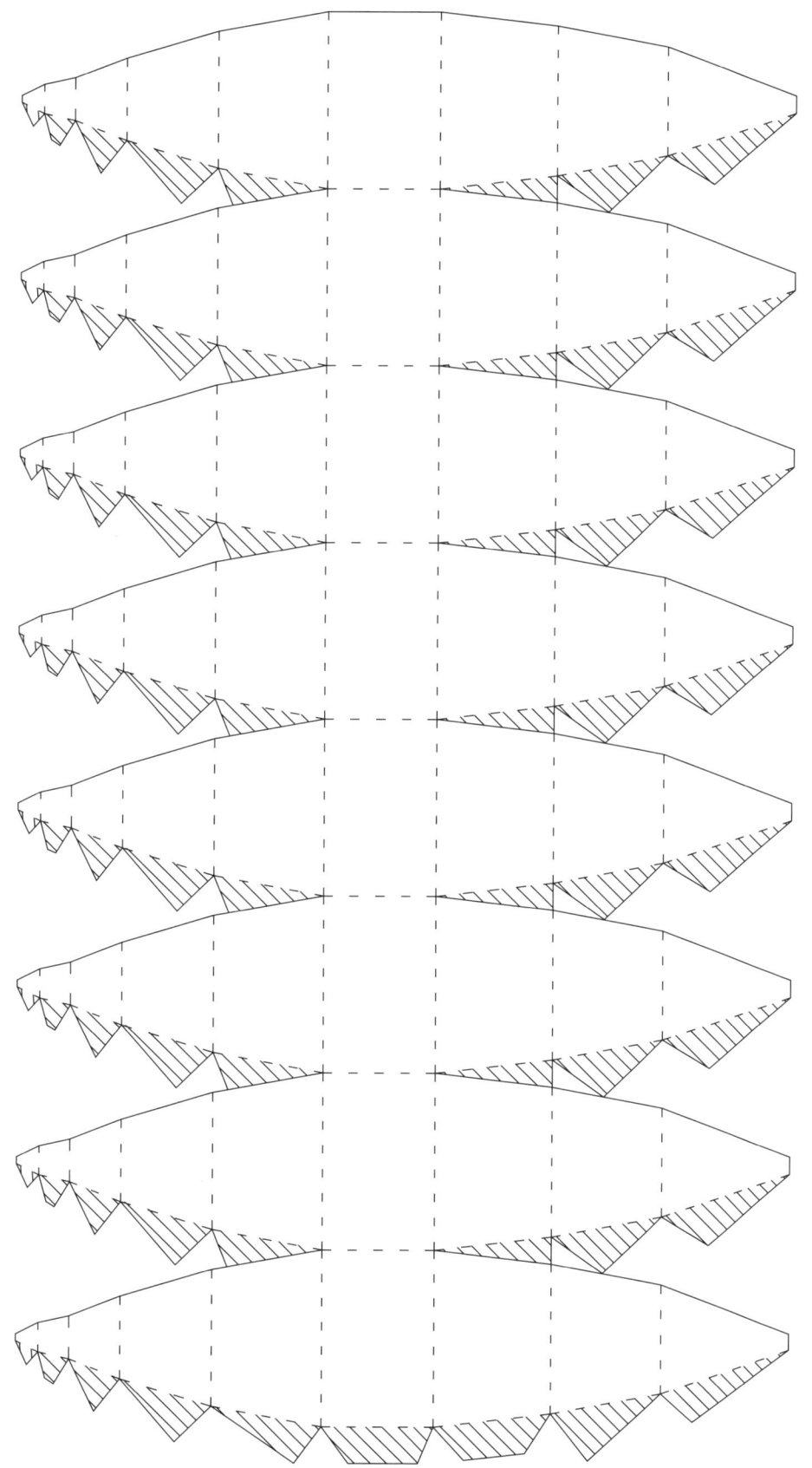

Farm#2 레몬

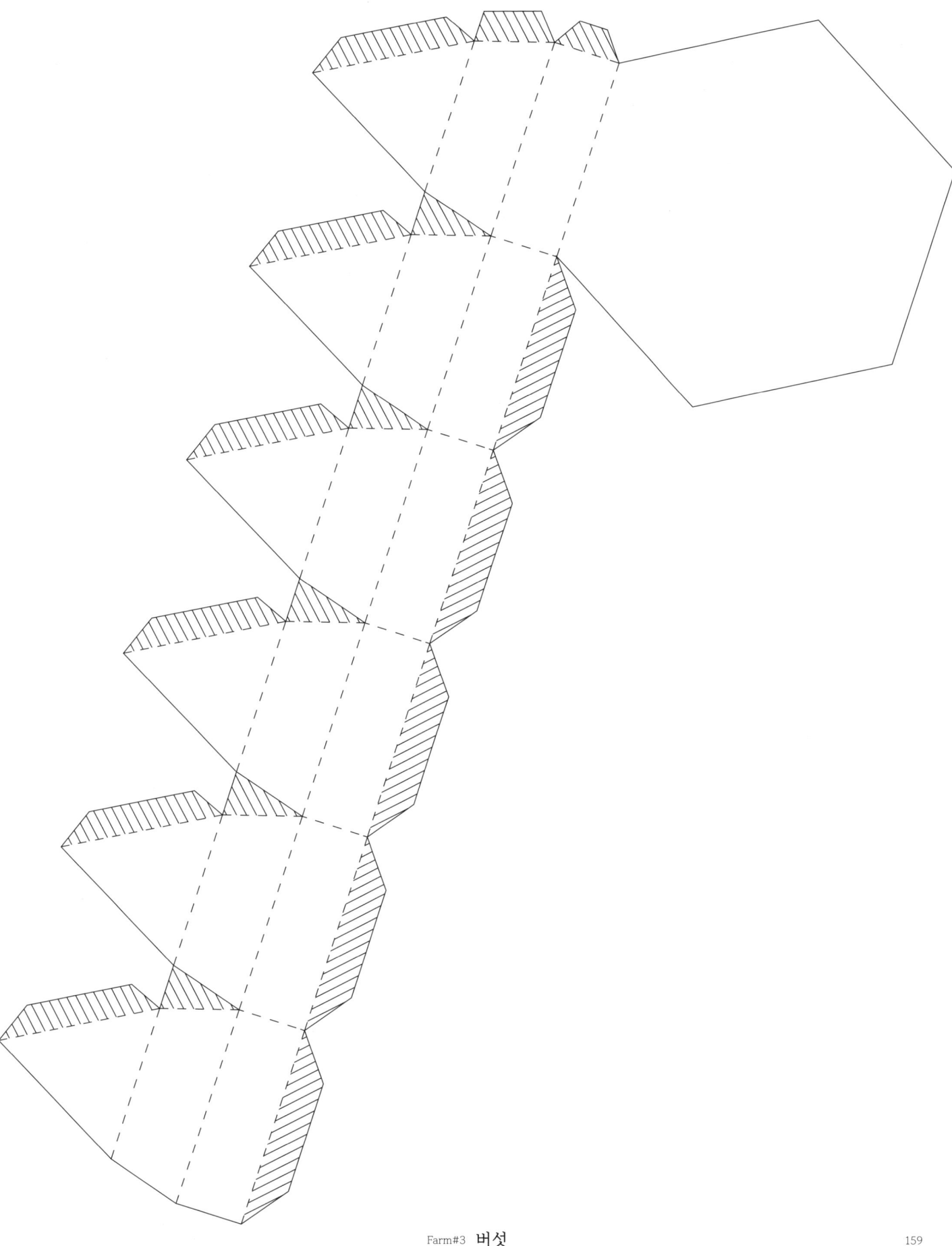

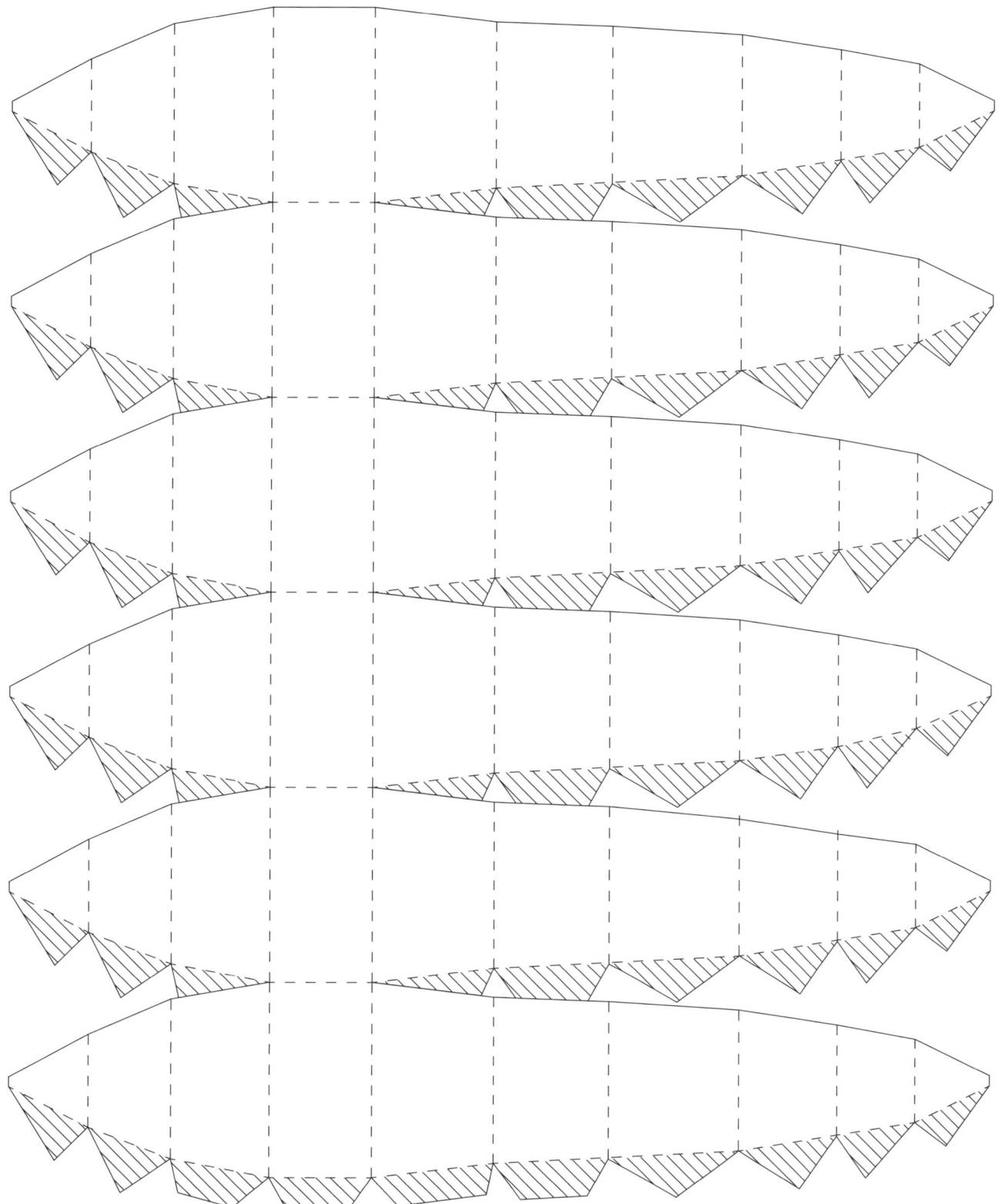

Farm#4 가지

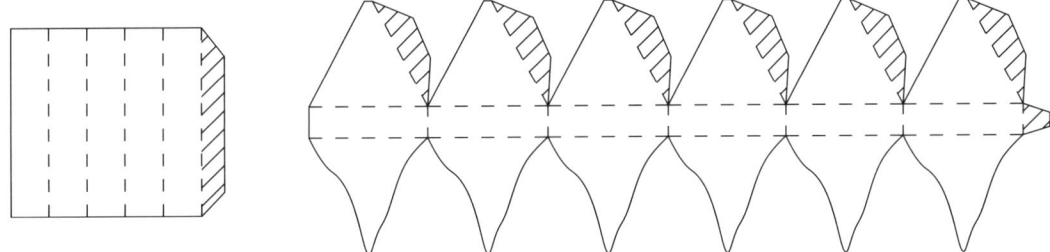

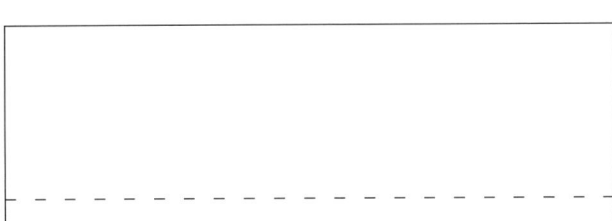

(상) Farm#4 가지　(하) Farm#5 로즈메리

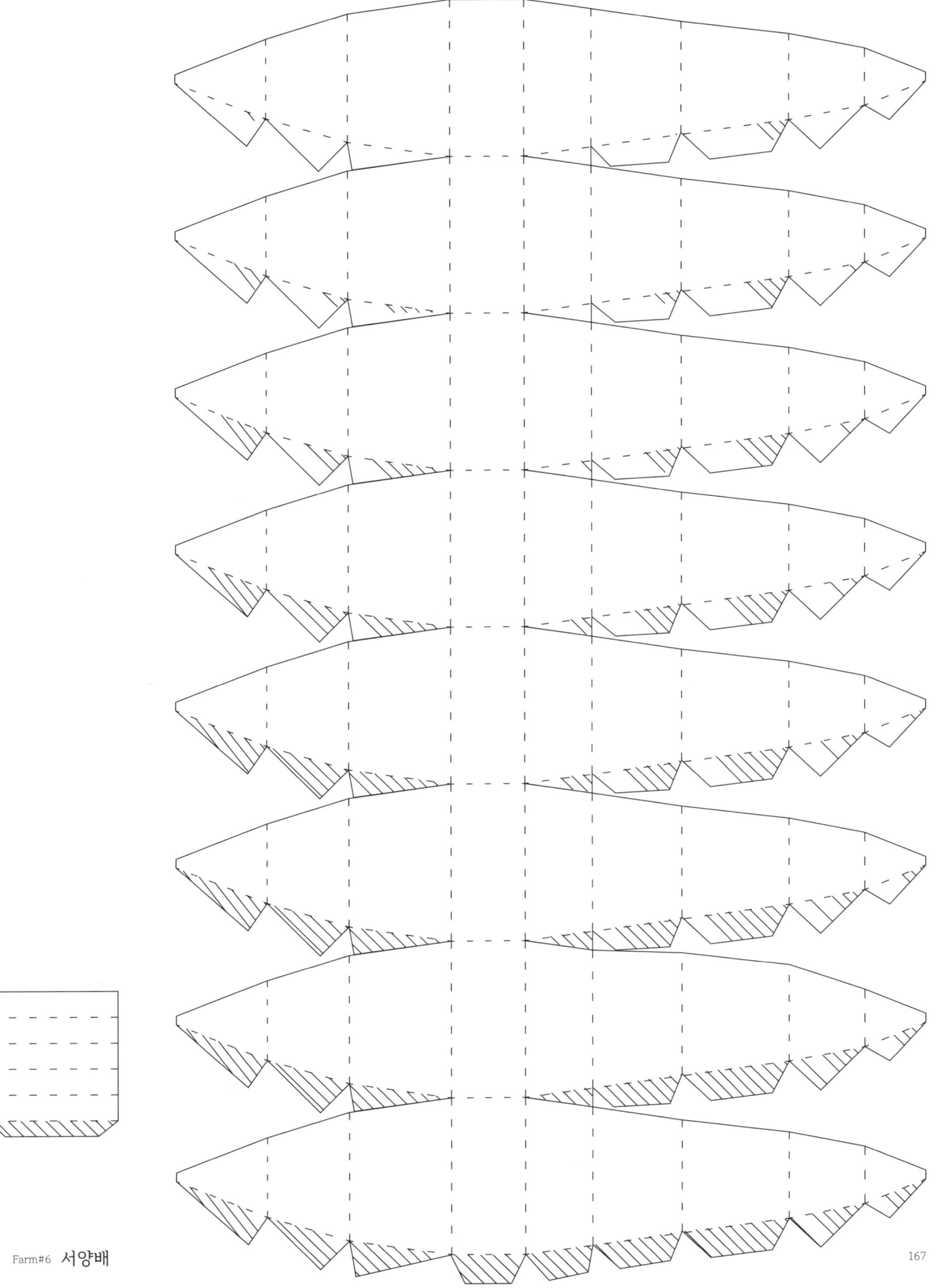

Farm#6 서양배

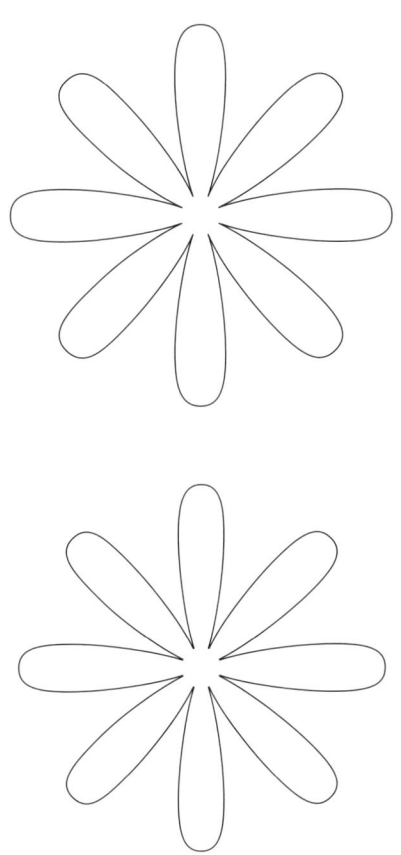

Flower#2 데이지

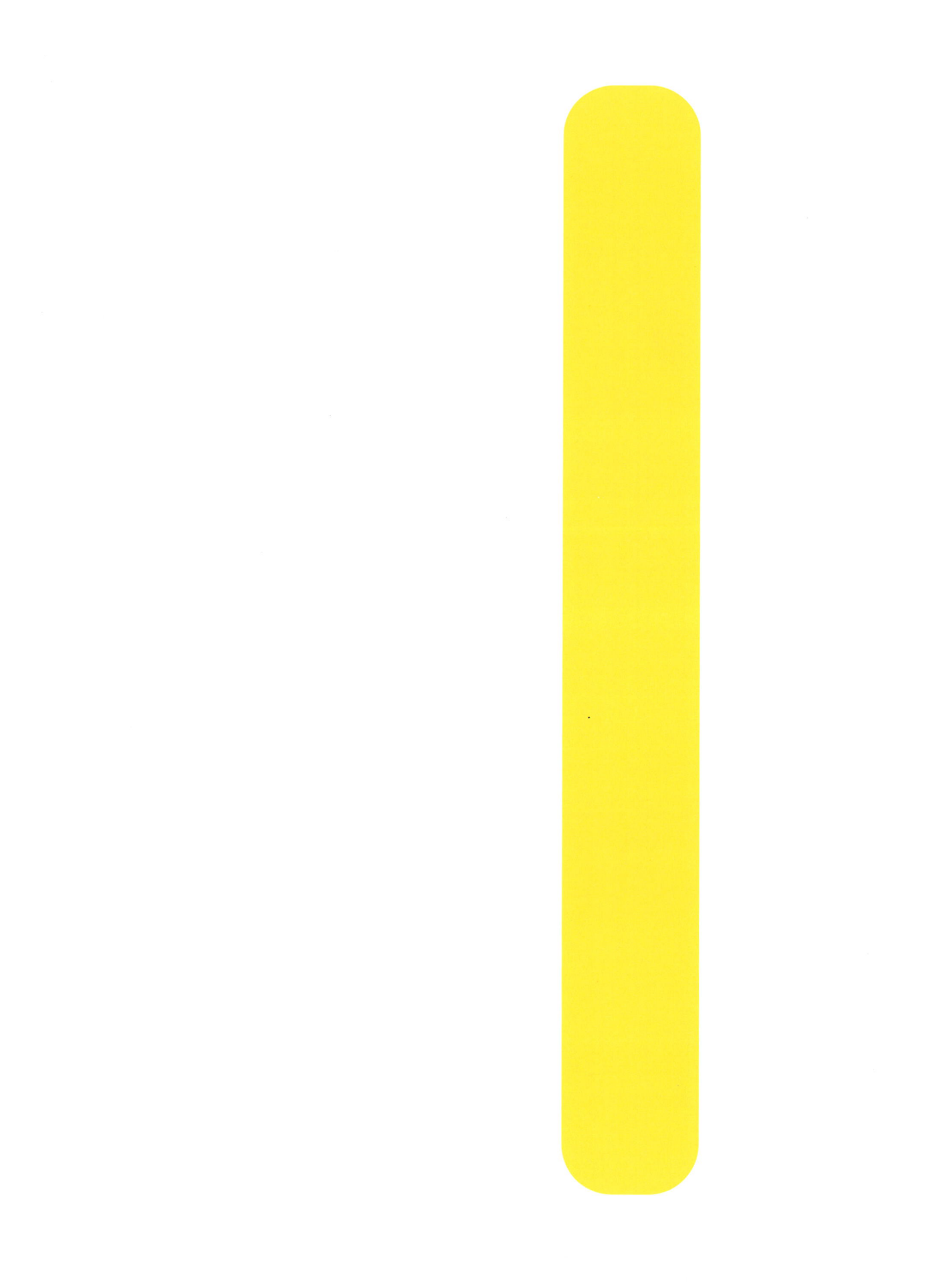

Flower#3 꽃마리

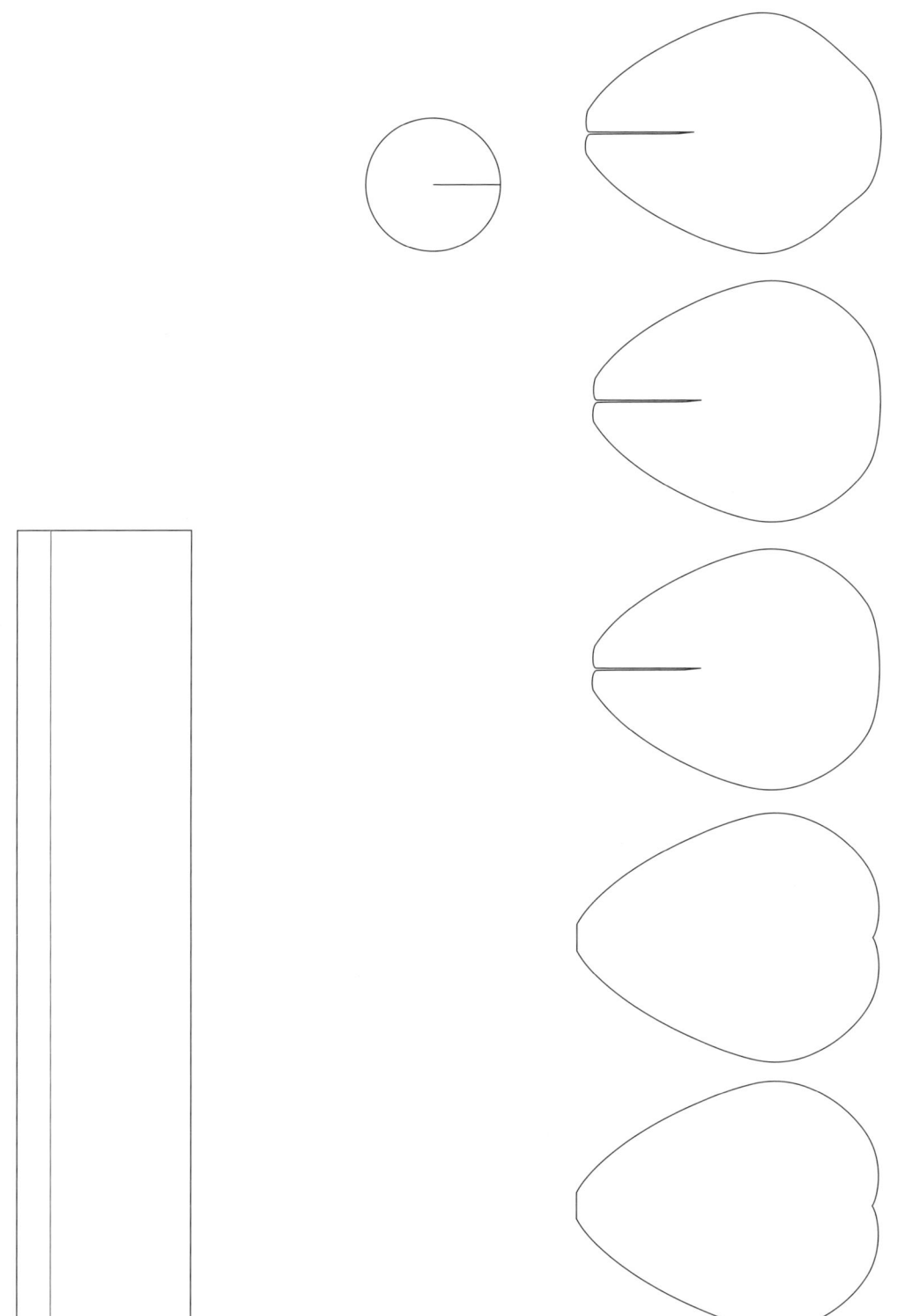

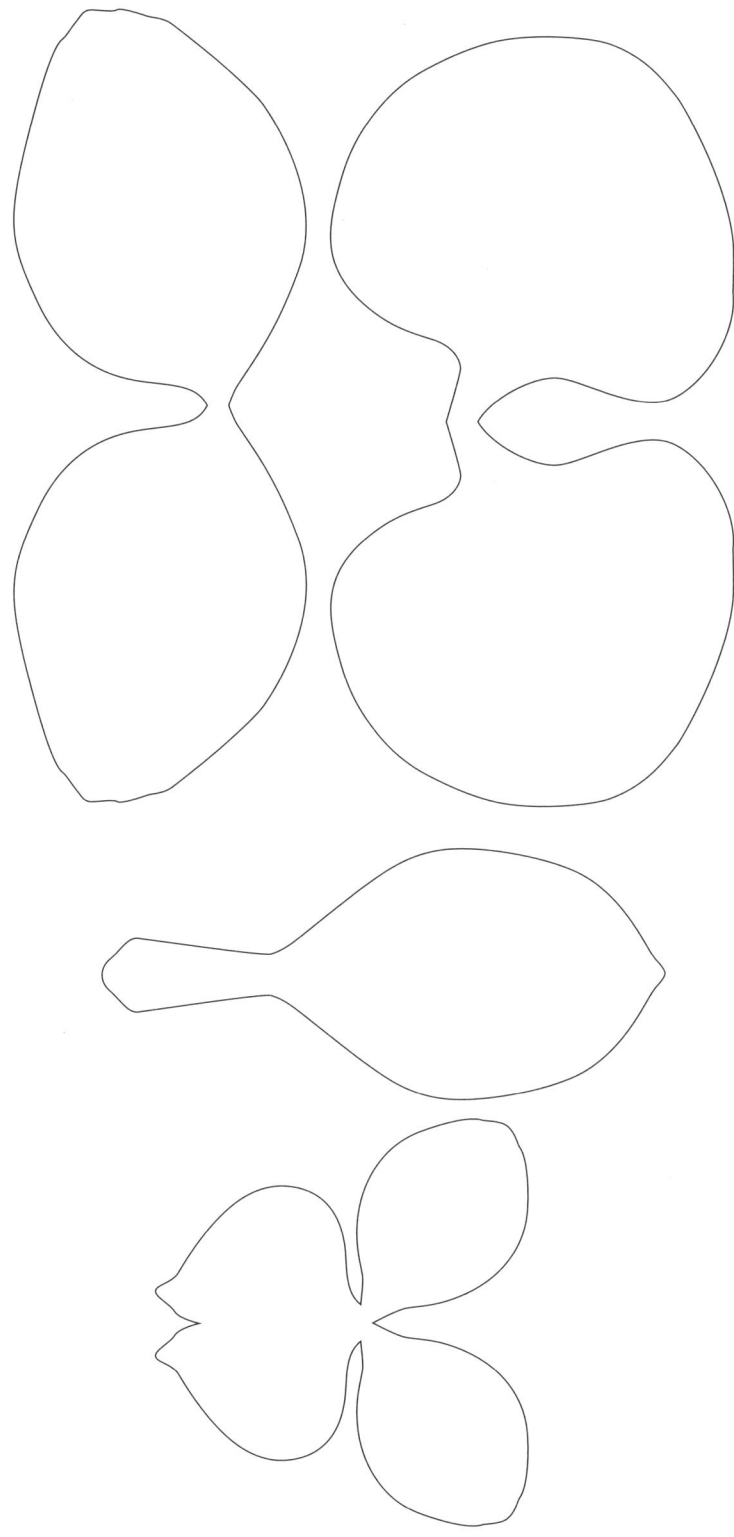

Flower#7 장미

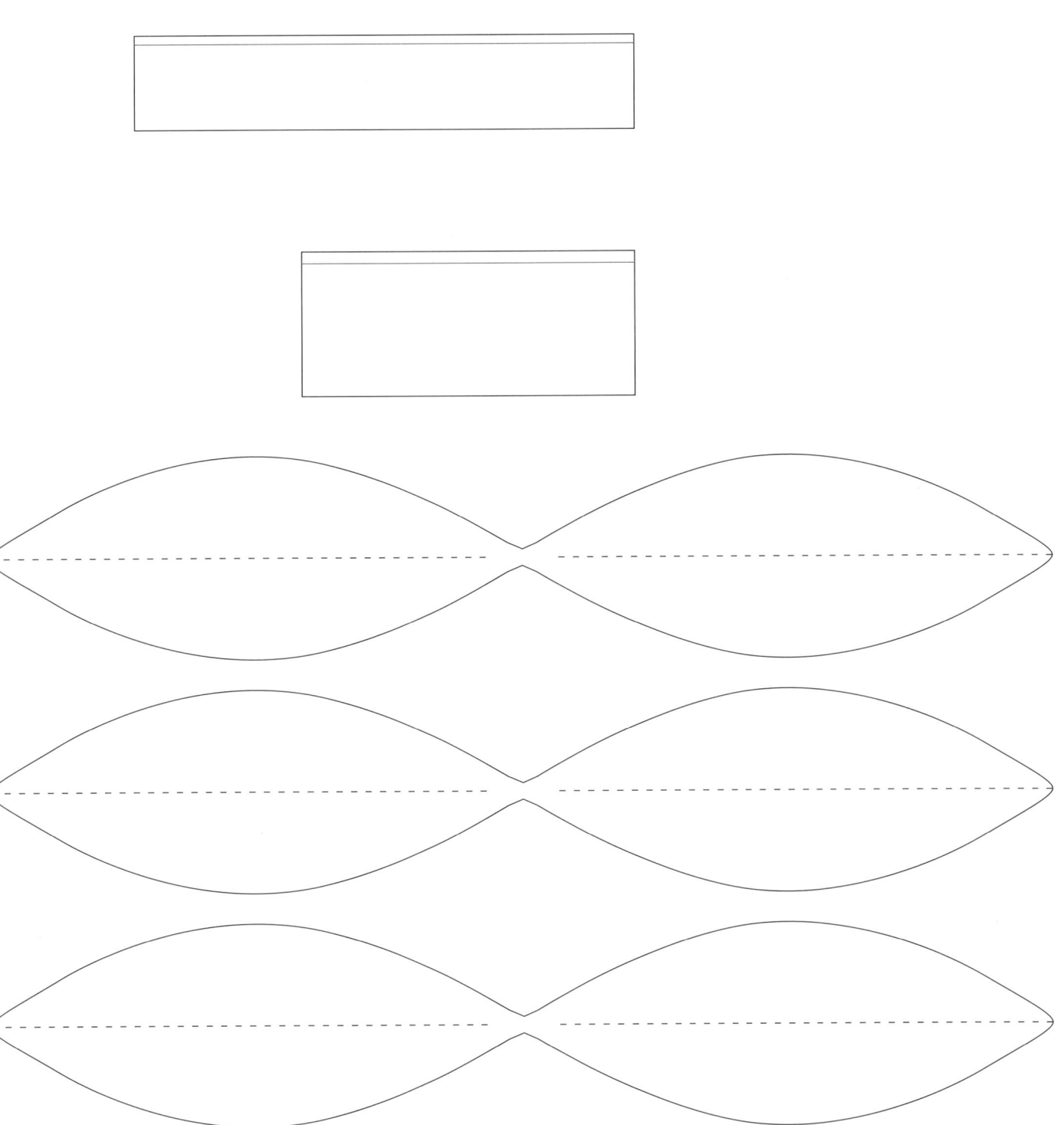

Flower#8 **클레마티스**

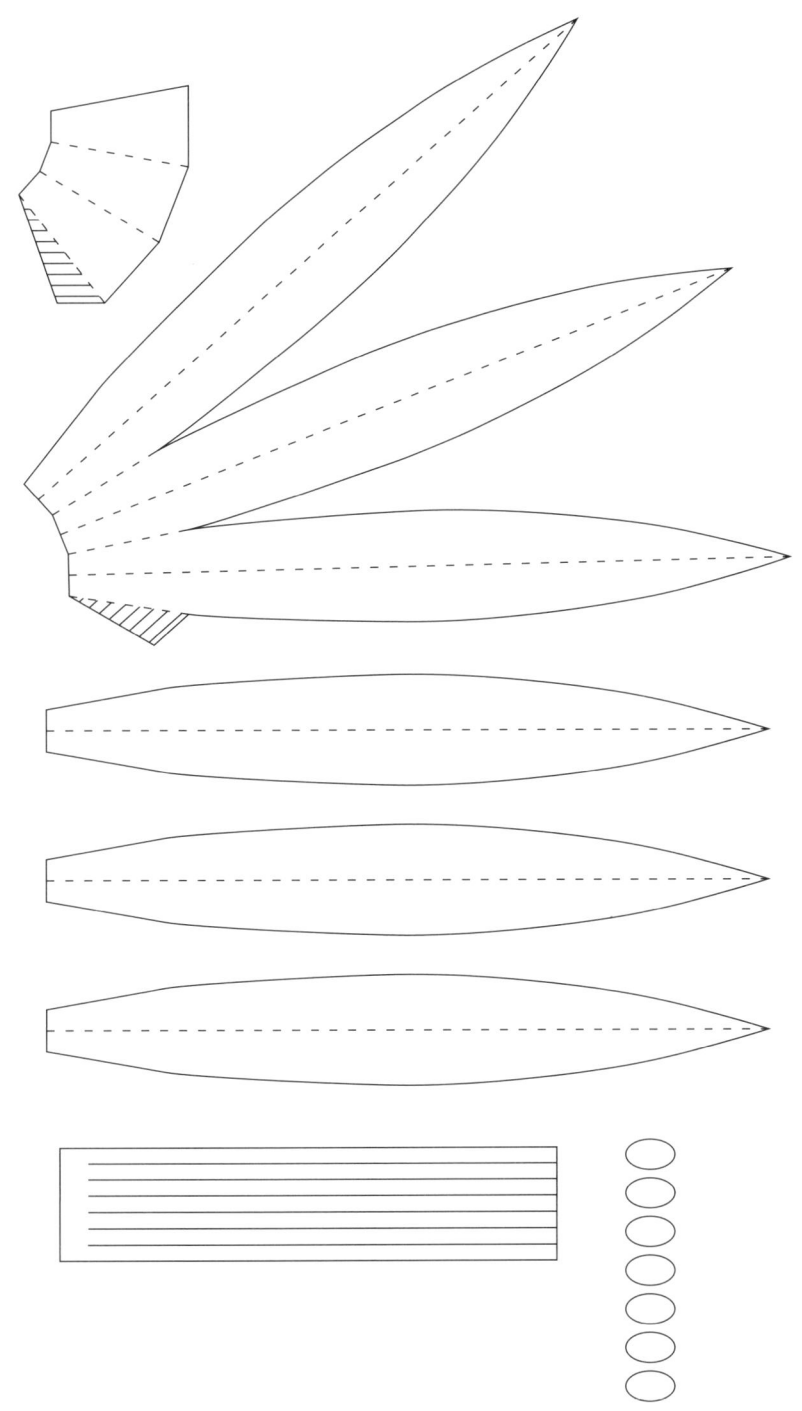

Happiness#1 꽃팔찌

Happiness#4 케이크 토퍼

Happiness#4 케이크 토퍼

Happiness#4 케이크 토퍼

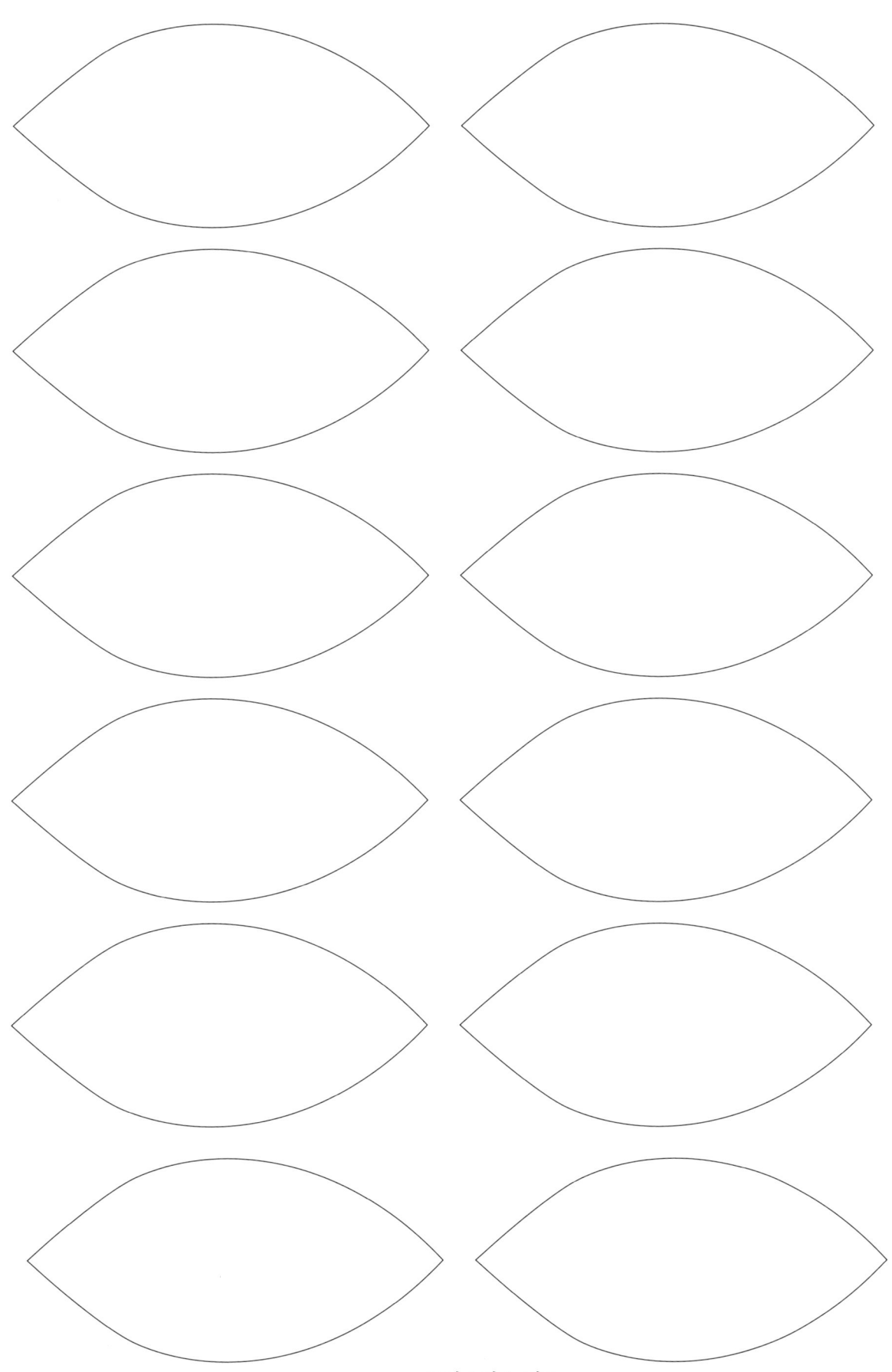

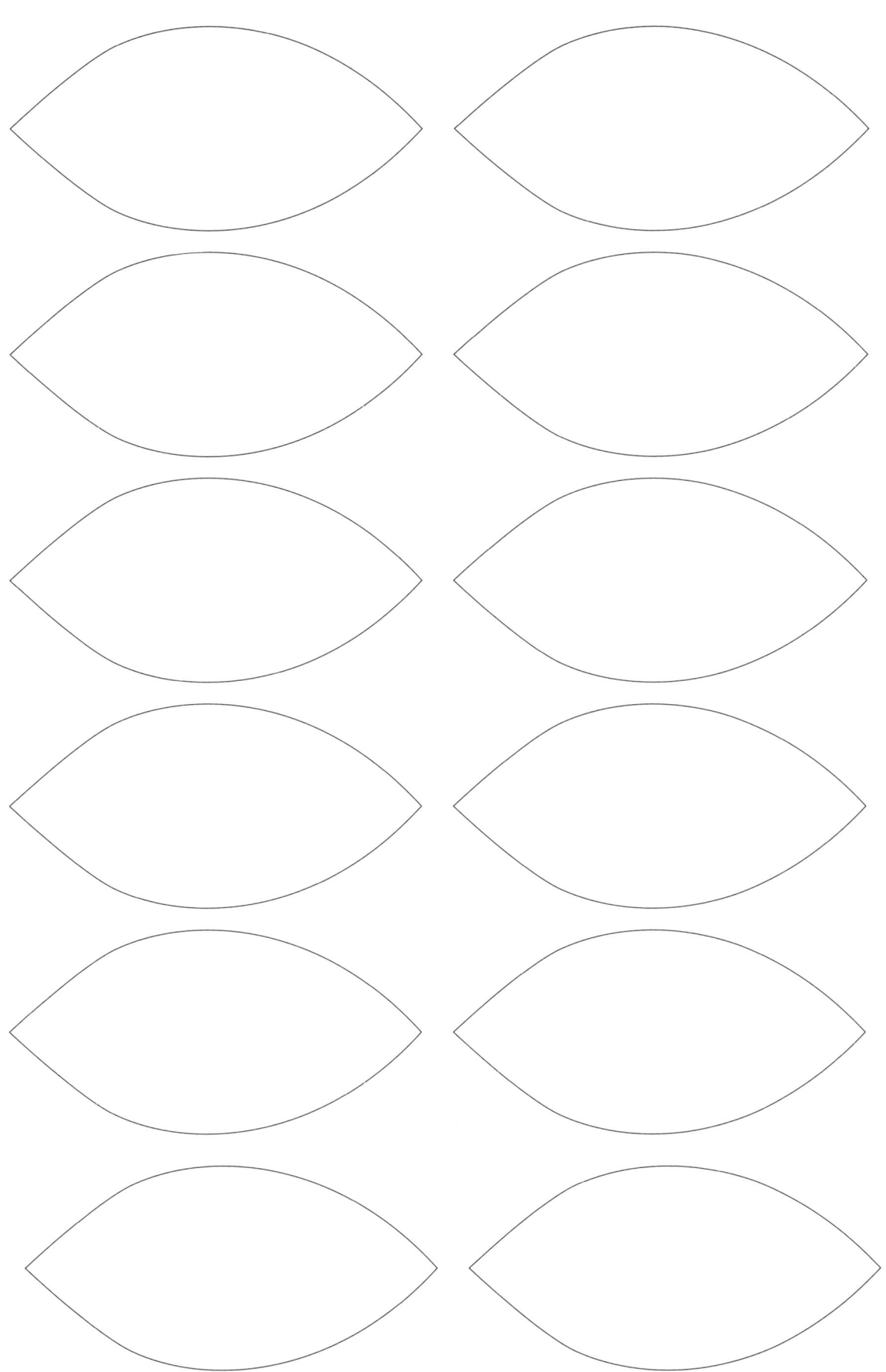

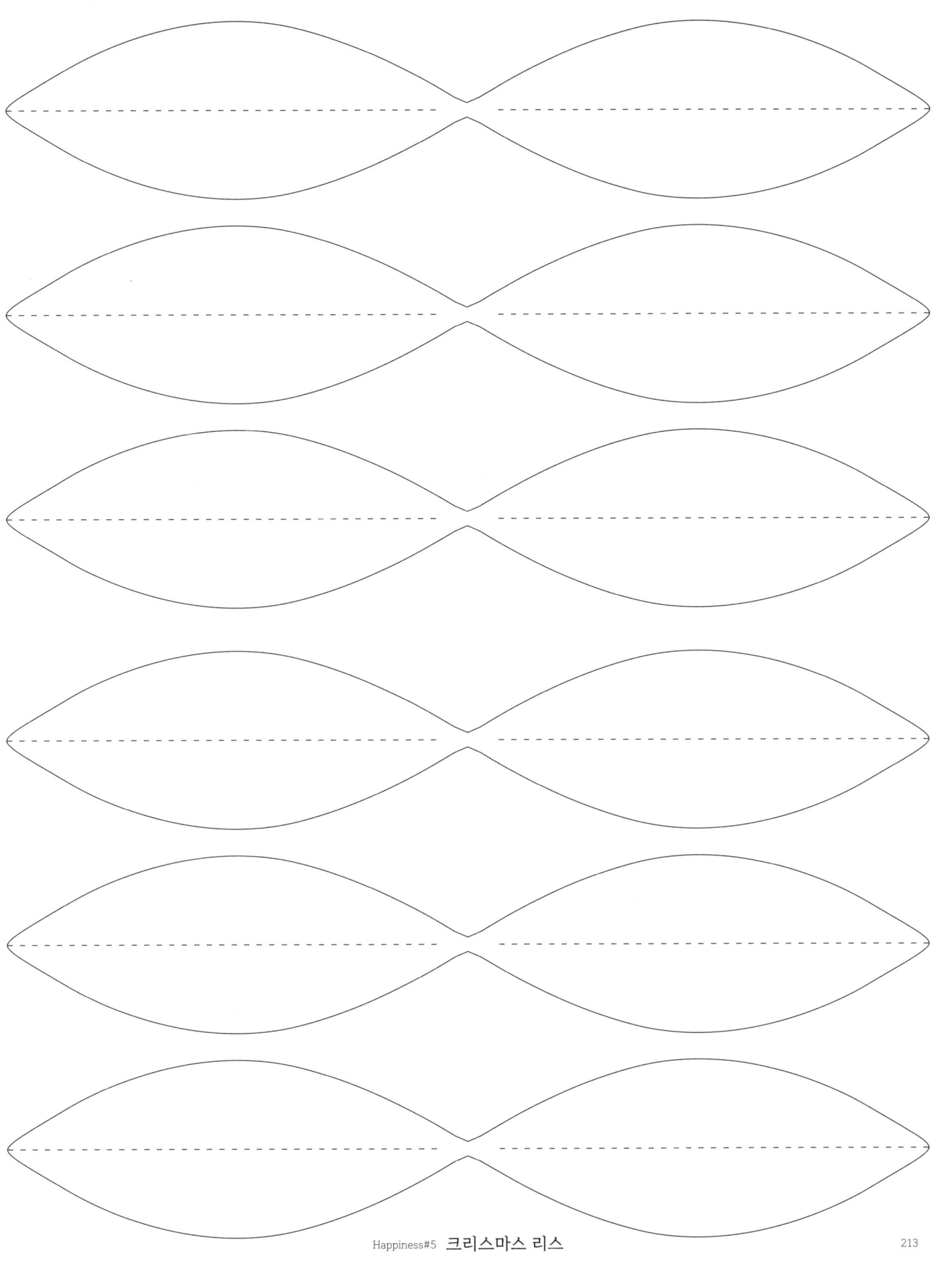